LES

DEUX OCÉANS.

Déposé selon le vœu de la loi.
Propriété des éditeurs.

Bruxelles. — Imprimerie de A. LABROUE et C⁹,
56, rue de la Fourche.

LES

DEUX OCÉANS

PAR

J. ARAGO

AUTEUR DES SOUVENIRS D'UN AVEUGLE

TOME TROISIÈME.

COLLECTION HETZEL.

BRUXELLES ET LEIPZIG,
KIESSLING, SCHNÉE ET Cie, LIBRAIRES.
RUE VILLA-HERMOSA, 1.

1851

DEUX OCÉANS.

PACOCO.

— Portrait de ce grand roi. — Histoire des deux Américains. — Hospitalité de Pacoco. — Pacoco et le lieutenant Amalric. — Jugement et exécution. — Pacoco dieu et immortel. —

Après le lion, le tigre; après l'espadon, le requin; après l'aigle, le vautour; après Mohana, Pacoco !

Presque toujours à côté du plus fort le plus cruel; et si nous fouillions un peu dans notre mémoire, peut-être trouverions-nous bien des souverains, princes, empereurs ou autocrates, dont les premiers ministres ont fait la honte et causé la dégradation.

Mais oublions pour quelques instants la vieille Europe et les vieilles histoires, pour nous donner tout entier à l'étude sérieuse de l'homme dont la longue vie est marquée par une traînée de sang, et que nous avons dû arrêter dans sa course de cannibale.

On a déjà beaucoup écrit sur Pacoco : on n'a pas tout dit, on n'a pas osé tout dire ; je dirai tout, moi, au risque de vous déplaire.

A vous ou à vous dont je n'approuve ni ne condamne les réticences.

J'ai pris à tâche de penser à haute voix avec mes lecteurs, je tiens parole. Seulement je vous préviens que si vous vous inscrivez en faux contre mes lignes véridiques, je suis assez riche de documents irrécusables pour que je désire entrer en lice... Soyez avertis.

Ce Pacoco, dont je vous dirai tout à l'heure la fin tragique, a droit à quelques pages de plus que certains autres personnages qui figurent dans ma galerie historique.

Pacoco n'est pas mort pour les Noukahiviens, il règne sur eux, il plane sur eux, il vit en eux... Si le flot mugit, c'est la main de Pacoco qui le soulève ; si le tonnerre gronde, c'est la voix de Pacoco qui envahit l'espace ; si la foudre éclate, tombe et brûle, c'est la sagaie de Pacoco qui a traversé les airs et châtié un rebelle : Pacoco peut bien renverser ce qu'il a bâti.

C'est une existence admirablement remplie que

celle de cet homme-dieu, toujours debout sur l'île de lave d'où je trace ces lignes au bruissement de la houle se roulant à mes pieds avec un horrible fracas.

Elle occupera peu d'espace dans mon livre, mais aussi, j'en suis certain, bien des heures de vos nuits rêveuses.

J'ai promis de l'histoire, en voici à l'encre rouge.

Nous avions porté la guerre dans son pays, nous venions de nous emparer de la plus belle rade de Noukahiva ; des blockhaus crénelés et armés de canons protégeaient la conquête ; des soldats insolents comme des vainqueurs efféminés faisaient entendre des paroles insolentes et menaçaient tout insulaire qui osait avoir une volonté.

Pacoco se révolta contre cet assujettissement ; il leva, comme on dit chez nous, l'étendard de la révolte, et se déclara notre mortel ennemi. Révolte, soit ; mais s'il en est une qui se fasse absoudre, s'il en est une sainte, c'est celle de Pacoco. J'estime Pacoco le révolté, parce que j'estime Spartacus, que je vais chercher un peu loin dans mes souvenirs, quand des noms chers et plus rapprochés remplissent ma mémoire... Poursuivons.

Pacoco était le chef d'Avaho, charmante baie peuplée d'hommes farouches et cruels, presque toujours en guerre avec les baies voisines et ne se plaisant qu'au meurtre et au carnage.

Les naturels de Noukahiva et d'Avaho avaient bien choisi leur chef, et celui-ci s'était reconnu digne de les commander. Quand les bandits s'associent, ils sont plus unis que les honnêtes gens; seulement ici l'association des insulaires d'Avaho était dans les mœurs, et le guerrier qui apportait à la baie une tête coupée dans une embuscade avait droit à un ou plusieurs tatouages sur telle ou telle partie du corps et de la face : noble passeport, timbre de bravoure, croissant avec les muscles, vieillissant avec eux, et descendant avec eux dans la tombe.

Pacoco était noir de tatouage ; il en avait sur les paupières, sur les lèvres, sur les oreilles, sur la langue, sous les ongles. Toutes les parties du corps de Pacoco disaient une mâle énergie, une charpente que nulle douleur physique ne pouvait entamer.

A cinquante ans, vieillesse fort avancée du pays, il possédait toute la vigueur d'un homme encore viril. Nul n'avait une démarche plus fière, un regard plus audacieux ; nul mieux que lui ne poussait une pirogue au milieu des brisants, nul ne grimpait avec plus de vélocité sur les cocotiers, nul ne coupait une tête avec plus de prestesse... Pacoco, vous le voyez, était un homme parfait.

Il n'avait guère pourtant que cinq pieds neuf pouces : ses épaules étaient larges, sa tête chevelue, bien placée, ses bras musculeux, son torse taillé comme celui du gladiateur antique. Et, quoique ses mollets fussent pleins de nerfs et que ses mains ne pussent manier qu'un casse-tête d'une cinquantaine de livres, dont il se jouait comme d'une badine ; quoique les distances ne l'arrêtassent pas plus que les difficultés de la route, il passait dans le pays pour un homme bien taillé, assez fort, et digne en tout d'être opposé aux ennemis qui, pour se protéger, avaient besoin de fusils, de canons et de citadelles.

De son côté, Pacoco savait bien qu'il valait quelque chose ; il avait, à plusieurs reprises, essayé ses forces contre des adversaires personnels : et les têtes suspendues dans sa case témoignaient de son adresse, de sa vigueur et de sa magnanimité.

Je sais bien qu'on lui reproche une demi-douzaine au plus d'assassinats hypocrites d'hommes sans protection, de femmes sans volonté. Mais la vie de Pacoco ne sera pas ternie par de semblables peccadilles, et l'historien de ses exploits dira les détails de ces scènes sanglantes, à la suite desquelles le chef d'Avaho voulait agrandir sa puissance et augmenter la terreur de ses ennemis ; il n'en demandait pas davantage.

Quoiqu'il aimât par-dessus tout la chair de l'homme, après celle de la femme pourtant, Pacoco ne dédaignait ni les fruits, ni les quadrupèdes du pays, et ses amis les plus intimes et les plus dévoués conviennent qu'il n'eut jamais d'indigestion qu'après un repas de chair humaine. Je l'ai dit : c'était un petit mouton que ce gros tigre, et Amalric fut un grand misérable d'avoir osé le faire condamner.

Je vous parlerai dans quelques instants de cet Amalric, dont les honnêtes et les loyaux ne prononcent le nom que le front découvert.

On a souvent dit, à Noukahiva et à Taïti, que Pacoco était une véritable bête féroce, dont le tigre du Bengale se serait montré jaloux : c'est là une profonde erreur de certains écrivains irréfléchis, et, un jour qu'une jeune fille avait fumé par mégarde dans une pipe d'homme, il faillit lui faire grâce de la vie ; mais, heureusement, la réflexion vint quelques instants plus tard, et la jeune scélérate fut déchiquetée pour servir de collation à Pacoco.

Les liqueurs alcooliques poussaient ce digne chef à des excès blâmables. Il ne se *soûlait* tout au plus que deux fois par semaine ; mais, comme son ivresse durait trente-six ou quarante heures, je ne puis, Tacite impartial, le sauver de mon contrôle, et j'espère qu'on me pardonnera de signaler cette irrégularité dans la vie que je dissèque. Ma plume est un scalpel qui ne déchire pas trop les chairs.

D'un coup de poing Pacoco tuait un bœuf, d'un coup de pied il renversait une case, d'un coup d'épaule il abattait un cocotier ; Pacoco était un homme de salon, ou il n'en fut jamais.

Au reste, le récit du conteur en dit toujours plus que ses réflexions et sa philosophie : écoutez, c'est récent et coquet.

Deux Américains manquèrent un jour leur navire qui, fatigué de les attendre, mit à la voile et les nota comme déserteurs. Pacoco le brave, le loyal, le gentil Pacoco, les voyant tristes sur la plage, leur promit sa protection toute-puissante, et poussa les devoirs de l'hospitalité jusqu'à leur offrir deux places dans sa grande case... Pour un sauvage, ce n'était pas mal civilisé, ce me semble ; aussi, touchés et reconnaissants d'un procédé si délicat, les Américains acceptèrent-ils l'offre du chef omnipotent, se promettant bien de la reconnaître plus tard.

Rien ne fut négligé par Pacoco pour faire oublier aux étrangers leur fâcheuse position ; les fruits les plus exquis, les poissons les plus délicats leur étaient présentés chaque jour, et mes commensaux couchaient sur les nattes les plus douces du domicile princier. Bref, Pacoco se montrait charitable comme un Vincent de Paul, dont probablement il n'avait pas entendu parler, et que, par conséquent, il ne pouvait pas prendre pour modèle... Vous verrez qu'un jour nous invoquerons saint Pacoco, prince et martyr.

Les choses en étaient où je vous ai dit, et durant trois mois environ, sans que la générosité du noble tatoué parût se lasser, lorsque, un beau matin, celui-ci avisa sur la plage un de ses nouveaux venus.

— Kakoæ (bonjour), lui dit familièrement le prince.

— Kakoæ, lui répondit l'Américain, en se levant par respect.

— Que fais-tu là?

— Je regardais l'horizon pour y trouver un navire.

— Est-ce que tu te lasses de Noukahiva et de mon amitié?

— Non, Pacoco; mais tu pourrais te lasser un jour de tes bienfaits, et notre devoir à nous est de faire des vœux pour que nous puissions revoir notre patrie.

— Vous êtes des fous! lui dit Pacoco d'une voix impérieuse; la patrie est partout où l'on est heureux, la patrie est le sol qui vous donne les meilleurs fruits, la mer qui vous offre les meilleurs poissons, la case qui vous présente les meilleures nattes... Pourquoi donc, poursuivit-il avec véhémence, as-tu quitté ce que tu appelles une patrie? Sans doute parce que tu y vivais dans la misère. Eh bien! que te manque-t-il ici? Je te permets un repas de cochon rouge, mes femmes sont à peu près les tiennes, et tu es sûr de mon amitié... Tiens, étranger, tu es un ingrat.

— Tu as raison, Pacoco; mais les jeunes souvenirs ont bien de la puissance sur nous; cependant je tâcherai d'oublier.

— A la bonne heure, et comme le désœuvrement et l'immobilité sont contraires au bonheur, viens, mon ami. Voici deux de mes demi-chefs qui se dirigent vers moi; nous avons projeté une promenade sur la montagne : accompagne-nous, la route et la fatigue te distrairont; le repos viendra plus tard, et tu rêveras de goïaves, de cochons, de nattes et de femmes.

— J'accepte, Pacoco.

On se mit en marche, on grimpa, on escalada la montagne noire et nue qui plane sur la vallée, et, deux heures plus tard, on dominait la rade.

— N'est-ce pas que c'est là un beau coup d'œil? dit Pacoco à l'Américain.

— Un coup d'œil magnifique.

— N'est-ce pas que l'horizon est si large que tu pourrais presque y voir ta patrie?

— Cela est vrai.

— N'est-ce pas que je te procure là un immense bonheur ?

— Je le reconnais.

— Eh bien ! s'écria le sauvage en se redressant de toute sa hauteur, ces trésors, tu viens de les voir pour la dernière fois ; mes amis et moi nous sommes en appétit, tu es gras comme un des plus beaux cochons de ma case, nous allons essayer si tu es aussi tendre qu'eux.

— Tu veux m'effrayer, n'est-ce pas ?

— Je le veux si peu que je t'interdis toute réflexion et que ce casse-tête va remplir son office.

L'arme tournoya, ouvrit un crâne, et le premier repas eut lieu. Pacoco et ses deux camarades trouvèrent, en effet, la viande excellente ; mais le lendemain ils voulurent varier leurs plaisirs, et firent cuire les restes de l'Américain. On buvait dans la même coupe, c'était le crâne de la victime, un peu ébréché, mais dont il fallait bien se contenter, puisqu'on n'en avait pas d'autre sous la main... Même ici, princes et roi n'ont pas toujours leurs aises.

La faim chasse le loup hors du bois ; le loup Pacoco, ayant achevé de désosser l'Américain, descendit de la montagne avec ses camarades et se rendit dans sa case, où il trouva l'ami de son ami dans des inquiétudes mortelles :

— Rassure-toi, lui dit Pacoco d'une voix caressante, mon hôte m'est aussi cher qu'à toi ; il a voulu m'accompagner sur le haut de la montagne d'où coule la rivière qui traverse ma vallée, et le site lui a paru si beau qu'il m'a demandé la permission d'y bâtir une case pour toi et pour lui ; je n'ai pas cru devoir le refuser, et quand tu voudras je t'y conduirai.

— Tout de suite, s'écria l'Américain.

— Je suis fatigué, répondit Pacoco, j'espère que tu me permettras de me reposer.

— Qu'il soit fait ainsi que tu le veux, Pacoco, dit l'étranger en serrant la main de son bienfaiteur.

— Eh bien ! partons-nous ? demanda le chef quelques jours plus tard. J'ai faim, nous déjeunerons sur la montagne.

— Me voici prêt.

— Et nous aussi, dit Pacoco qui se mit en route avec les deux chefs qui l'avaient escorté dans sa première expédition.

Arrivé à la source de la rivière, et déjà fort inquiet de ne pas voir au moins la case dont on lui avait parlé, l'Américain appela son ami à haute voix.

— Tu es bien pressé de le rejoindre, lui dit Pacoco avec un sourire infernal ; sois tranquille, je vais te donner cette joie.

— Mais où est-il ?

— Tu le sauras dans quelques instants, tu vas

passer par le même chemin que lui ; regarde.

— Dieu ! des ossements !

— Ce sont ceux de ton ami, du mien ; c'est tout ce qui reste de lui.

— Tu ne me feras pas grâce ?

— Si, en t'immolant du premier coup ; bénis ma générosité.

Vous savez si une menace de Pacoco était un fait accompli ; le brave homme dîna, ses deux camarades lui servirent les morceaux les plus délicats du cadavre ; et si vous allez à Nouhiva, vous pourrez voir encore, au sommet de la montagne qui borde au nord la belle vallée d'Avaho, des ossements blanchis que les flagellations de la rafale disperseront peut-être un jour... Pacoco s'était promené par là.

Si ce chef farouche n'avait été coupable que de ces indélicatesses assez fréquentes dans le beau pays dont nous parlons, je conviens que nous n'aurions pas eu le droit d'user de rigueur envers lui. Nous n'avions pas mission de modifier les mœurs nouhiviennes ; la vallée où trônait Pacoco ne nous appartenait pas, il disposait à son gré de la vie de ses sujets, tous lui étaient soumis en esclaves, tous le regardaient comme leur maître absolu, nous eussions été fort malavisés de nous occuper d'autre chose que de l'édification de quelques maisons pour les missionnaires et de deux ou trois blockhaus, protecteurs de notre établissement.

A quoi bon mettre en jeu la question d'humanité? Ce sont là de petites misères auxquelles on aurait tort de songer.

Ainsi donc Pacoco ne devait pas être puni comme meurtrier de deux hommes qui avaient eu foi en lui. On le laissa libre et fort, gouverner à son aise, et vous allez voir ce qu'il en avint.

Le chef de bataillon Amalric commandait à Nouhiva, où on l'aimait, où on le vénérait. Il vit encore, Dieu merci! et se porte à merveille; c'était un de ces braves officiers carrés par la base, aimant ses soldats comme on aime ses enfants, allant au-devant de leurs besoins et ne les punissant que lorsque les exigences de la discipline lui en faisaient un impérieux devoir. La tâche d'Amalric devenait chaque jour plus rude, les forces dont il disposait étaient des plus exiguës; les ennemis au dehors, c'étaient les Kanaks indomptés; les ennemis au dedans, c'étaient les missionnaires insoumis; il avait à se protéger de toutes parts; mais, je vous l'ai dit, on le chérissait, on le respectait, et cette affection, qui allait presque jusqu'au fanatisme, devenait son plus solide bouclier.

Fort, parce qu'il était juste; puissant, parce qu'il était humain, Amalric permettait aux femmes des baies voisines de la nôtre de visiter l'établissement, déjà consolidé; mais, malheureusement, une circonstance vint rompre l'harmonie qui régnait entre les Indiens et nous.

Un baleinier anglais entrait en rade. Une ordonnance bien connue de tous défendait aux femmes de se rendre à bord des navires; mais, après à la curée, avides d'émotions nouvelles, les jeunes et les vieilles armèrent leurs pirogues, escaladèrent le baleinier et se livrèrent au désordre de leurs sens. Les liqueurs alcooliques firent le reste, et je ne vous dirai pas les ignobles saturnales de ces bacchantes au retour d'une expédition contre laquelle il fallait protester dans l'intérêt des mœurs et de l'avenir.

Une rigoureuse razzia fut exécutée, et les coupables, cloîtrées dans une prison, y attendirent pendant quelques jours le retour de leur raison perdue.

Parmi celles-ci, se trouvaient deux parentes de Pacoco, qui se firent inutilement réclamer. L'Indien, furieux, jura de se venger, il le jura par un crachat enfoui sous terre, et vous savez par Mohana si c'est là un redoutable serment.

Nos soldats, prévenus, se tinrent sur leurs gardes : ils ne sortaient jamais que bien armés; ils n'osaient guère s'éloigner des retranchements, et ces craintes si bien fondées jetaient un voile funèbre sur la colonie.

Amalric comprit le danger d'un vigoureux coup de main qui pouvait avorter : la prudence lui dit de négocier, et, pour que le succès ne lui échappât point, il eut recours à Mohana, dont l'influence s'étendait sur toute l'île.

Celui-ci ne refusa pas le rôle d'ambassadeur, espérant bien que l'eau-de-vie française reconnaîtrait ses services désintéressés, et il se rendit chez Pacoco, son ennemi personnel.

— Je te présente ma main droite, lui dit-il en entrant dans sa case, et je t'apporte des paroles amicales des Français.

— Les paroles amicales de ces hommes, répondit Pacoco d'une voix lugubre, sont des trahisons ; je croirai en eux quand je ne croirai plus en moi.

— Que t'ont-ils fait ?

— Une chose m'étonne et m'indigne plus que cette question, c'est qu'elle me soit adressée par toi.

— Je ne t'ai pas dit de l'accepter en aveugle : dicte les conditions.

— A la bonne heure. Le chef français a mis au cachot un certain nombre de femmes kanakes ; qu'il me donne un nombre égal d'hommes que je garderai prisonniers et que je lui rendrai plus tard.

— En vie ? demanda Mohana d'un ton d'incrédulité.

— Cela me regarde, Mohana ; ils m'ont offensé, je m'en souviens, et ils sauront comment j'oublie.

— Prends garde, Pacoco ; les balles des Français vont vite, et tu sais s'ils visent juste.

— Dans tous les cas, elles ne me troueront pas par derrière, répondit le sauvage avec un geste courroucé ; dis à Amalric que je l'attends.

— C'est ta dernière parole ?

— Tu n'en auras pas d'autre.

Les pensées qui agitèrent l'âme de Mohana, dès qu'il se fut mis en route vers les blockhaus, ce n'est pas moi qui les traduirai. Mais peut-être ne commettrai-je pas une grande erreur, en supposant qu'il fut enchanté de la résistance énergique de Pacoco ; son intérêt voulait que des ennemis nous fussent opposés. Vainqueurs et vaincus devaient s'affaiblir dans la lutte, et le bandit se voyait déjà en présence de moins d'adversaires.

Mohana méprisait Pacoco, qu'il était sûr de soumettre, le cas échéant ; donc le brigand faisait des vœux pour que son ennemi dédaigné fût vainqueur dans la lutte engagée. Mohana redoutait les Français, et l'on comprend qu'il était leur ennemi, puisqu'ils lui enlevaient une partie de sa puissance.

Cependant, hypocrite par intérêt, il dit au commandant Amalric que Pacoco s'était montré rebelle à toute proposition de paix, et il lui conseilla d'en venir aux mains avec son redoutable ennemi, lui promettant son appui et celui de ses Kanaks.

Le brave officier connaissait trop bien Mohana et les mœurs du pays pour se laisser aller aux conseils qui lui étaient donnés : aussi la réponse au chef sauvage fut-elle qu'il aviserait plus tard sur les mesures à prendre pour se défaire d'un compétiteur aussi sérieux que Pacoco.

Ce n'était pas ce que demandait Mohana, compromis dans son autorité par l'insuccès de sa mission; mais il se promit bien de la relever, et, pour ce résultat, le misérable semait çà et là des ferments de discorde en disant aux Français que Pacoco songeait à une attaque générale, et à Pacoco que les Français se préparaient à venir le traquer jusque dans sa baie.

Comme on le voit, les partis étaient en présence, Français et Kanaks devaient ensanglanter le sol à la première rencontre, et le prudent Amalric se mit en mesure d'épargner à ses soldats les périls d'une guerre qu'il jugeait funeste à l'établissement.

Les ordres les plus sévères furent donnés pour

que nul soldat ne s'éloignât du poste sans permission, et il marqua la limite qu'on ne pouvait franchir sous aucun prétexte. C'était une petite rivière bornant l'établissement et où la garnison avait l'habitude d'aller laver son linge:

Cherchant toujours à vaincre par son intégrité les haineuses dispositions de Pacoco, Amalric le fit prévenir de l'ordre qu'il avait donné, mais en même temps il lui témoigna le désir que nul des siens ne vînt sur notre territoire; ce que Pacoco promit, se réservant d'oublier sa parole à la première occasion. Ces pourparlers n'avaient pas lieu, on le comprend, sans de grandes difficultés. D'une part, la loyauté; de l'autre, la perfidie.

Les embarras se compliquaient. Et pendant cet armistice où la vie de nos soldats courait autant de périls que si les hostilités eussent été déclarées, Mohana n'était pas inactif dans sa case; aussi, je crois, contrairement à l'opinion même de M. Amalric, que c'est surtout à l'instigation de ce chef qu'il faut attribuer le triple assassinat qui jeta le deuil dans la colonie.

Je pris, un soir, mon courage à deux mains, et je lui parlai de Pacoco, comme d'un bandit sur lequel on fit bien d'essayer le pouvoir de nos balles.

— Justifie cet arrêt tant que tu voudras, me dit-il, mais je suis certain que dans cette déplorable affaire les Français furent les premiers coupables.

— Cependant, continuai-je, Pacoco était un bandit.

— Pacoco était un homme de cœur, et il saura bien vous le prouver.

— Est-ce que les morts ressuscitent?

— Les *morts morts*, non; les *morts vivants*, oui.

— Pacoco est-il un de ces derniers?

— Sans nul doute.

— Si tu veux, Mohana, je vais te conduire sur la tombe qui l'abrite.

— Et moi sur la montagne qui le protége.

— L'y as-tu vu?

— Oui, moi et les siens, et vous n'en douterez plus un jour.

— Comment se fait-il, Mohana, que toi, qui es venu en Europe, tu acceptes ces ridicules croyances de ton pays? Quand nos balles percent les cœurs, les cœurs ne battent plus.

— Ne parle pas ainsi des cœurs kanaks : nous avons deux vies, nous... Ne l'oubliez pas.

Ces trois derniers mots furent prononcés avec une véhémence imprégnée de sang. Des promenades avec escorte, des rondes incessantes toutes les nuits, des alertes sérieuses chaque jour, peu de vivres, un soleil torréfiant, point de nouvelles du dehors, la guerre en permanence, guerre atroce, avec des fragments de cervelles à chaque casse-tête, voilà Nouhiva sous le commandement de l'intrépide Amalric, voilà notre richesse et notre gloire dans le Pacifique.

Deux lieues d'un terrain sec, aride, escarpé, brûlant au corps, froid à l'œil, une rade toujours houleuse, toujours turbulente, même alors que la brise est muette et le ciel d'azur.

Posez maintenant Pacoco et Mohana au milieu du tableau, et il sera complet.

Ce n'était pas trop, comme on le voit, de l'énergique intelligence d'un seul homme pour faire face à toutes ces désillusions, pour vaincre toutes ces misères. Amalric, selon nous, a bien mérité du pays.

Mais arrivons au drame que nous avons promis au lecteur, et avançons pas à pas.

Vous le savez, la limite de nos excursions avait été parfaitement tracée par le sage Amalric; toutes les mesures d'ordre et de sécurité semblaient protéger la vie de nos soldats, si précieuse à leur chef.

Pacoco veillait d'une part, nous veillions de notre côté. Mais il est des imprudents, des indisciplinés dans tous les partis, et vous allez voir le résultat fatal d'une désobéissance.

Je vous l'ai dit, la petite rivière où nos soldats allaient laver leur linge ne devait pas être franchie; mais un jour que, dangereuses provocatrices, quelques jeunes filles se montrèrent sur la rive opposée à la nôtre, six de nos hommes se jetèrent à la nage, croyant répondre à un appel amical. A peine ont-ils atteint les sirènes, que des Nouhiviens placés en embuscade s'élancent, saisissent nos soldats désarmés, les massacrent et les mâchent avec rage. Un seul échappe à leur furie ; excellent nageur, et assez éloigné d'ailleurs du lieu du carnage, il gagne l'autre bord, et, sans prendre haleine, il vient annoncer le désastre.

A l'instant, Amalric ordonne à ses troupes de prendre les armes, fait rayonner de tous côtés les soldats avides d'une revanche ; un peloton arrive à la rivière... Rien, rien, pas un ennemi : assassins et cadavres avaient disparu. Cependant on fouille encore, on avance ; mais, dès ce moment aussi, l'arrestation et le jugement de Pacoco sont décidés. Amalric prenait les mesures de rigueur les plus énergiques, il lançait les ordres les plus sévères contre les défenseurs de Pacoco. Il fit savoir à ce chef que, s'il ne se rendait pas à la baie de Tahihahoé, on saurait bien aller le chercher au milieu de ses sujets.

Pacoco dédaigna de répondre. Amalric devint plus menaçant, il expédia plusieurs demi-chefs nouhiviens vers le bandit ; mais celui-ci tint ferme ; il disait que si on venait le chercher dans sa vallée, une longue traînée de sang guiderait les fuyards français jusqu'à leur établissement.

Amalric n'était pas homme à s'émouvoir de toutes ces fanfaronnades, il connaissait la bravoure personnelle de Pacoco ; il savait l'influence qu'il exerçait sur ses sujets, il n'ignorait pas qu'un sang généreux coulerait encore ; mais son devoir lui était tracé, un assassinat devait être puni : Pacoco viendrait, ou la vallée d'Avaho serait une vaste tombe.

Les menaces d'Amalric se traduisaient par des faits ; son incessante activité, l'amour de la justice qui le dominait, devaient avoir un résultat heureux : il en fut ainsi.

Traqué de toutes parts et près de tomber en nos mains, Pacoco nous fit savoir qu'il demandait à capituler ; Amalric fit répondre qu'on ne négociait pas avec un bandit, qu'il lui signifiait l'ordre de se rendre au camp, et que là seulement on consentirait à l'entendre.

— Serai-je libre? demanda-t-il au commandant.

— Tu seras libre, lui répondit Amalric.

— Comment me traiteras-tu?

— Si tu es reconnu innocent par le conseil de guerre qui doit te juger, tu seras renvoyé dans ta vallée; si tu es reconnu coupable, tu seras mis à mort.

— Dans ce cas, quelle mort me réserves-tu?

— Pacoco, tu parais douter de la valeur de nos balles, tu seras convaincu qu'elles tuent.

— Peut-être, Amalric, donnent-elles une autre vie?

— Viens t'en assurer.

Pacoco vint en effet, on l'enferma dans un blockhaus, et l'instruction commença. Ce qui préoccupait le plus le bandit, c'était la manière dont son exécution aurait lieu. Au prix de son tatouage, de son bâton de commandant et des têtes qui décoraient sa case, il n'aurait pas voulu être pendu : cette mort lui paraissait ignoble, dégradante; il tenait à ce que son dernier jour fût un jour de chef, ce qu'il ne cessait de dire aux soldats, qui ne le perdaient pas de vue.

Au surplus, son courage ne lui fit pas défaut un seul instant; il ne refusait aucun des mets qui lui étaient servis pour ses repas, et cependant il les croyait empoisonnés.

— Je sais bien, disait-il avec un admirable sang-froid, que j'avale la mort, mais aujourd'hui ou demain, la balle ou le poison, que m'importe? Servez-moi.

La séance fut ouverte : Pacoco y fut conduit par son escorte, et libre de fers; il eut à répondre de l'horrible boucherie dont il était accusé.

La commission militaire, présidée par Amalric,

était assemblée : deux interprètes se trouvaient à leur poste, monseigneur François, évêque de Basinilopolis, et Moto, indigène.

Le premier, un de ces dignes apôtres, un de ces hommes d'énergie, de religion et de droiture, marchant dans la vie d'un pas ferme, ne voyant partout que des frères, courant sans cesse après le malheur pour le plaindre et le consoler, et croyant d'un Dieu de paix et de miséricorde.

L'autre interprète était Kanak, honnête homme... On hurle avec les loups, alors surtout qu'on veut les mordre.

L'interrogatoire fut court, précis ; Pacoco debout, son éventail de chef à la main, répondit à toutes les questions en héros, en sauvage, en bandit.

— Accusé, ton nom ?

— Pacoco.

— Ton âge ?

— Un jour, un instant ; je suis aussi jeune, aussi vieux que toi : qu'est-ce qu'un siècle pour l'éternité ?

— Tes qualités ?

— Chef de la vallée d'Avaho, où je rentrerai un jour, quand mon dieu, qui n'est pas le tien, l'ordonnera.

— Tu sais que tu es accusé du meurtre de cinq Français sans armes, que tes femmes avaient attirés sur ton territoire ?

— J'ai déjà répondu à ces accusations à ceux qui sont venus m'interroger de ta part; je n'ai pas tué, j'ai mangé, peu, très-peu, presque pas; ils n'étaient pas très-bons.

— Si tu es reconnu coupable, Pacoco, tes bravades ne te sauveront pas, tes jours sont marqués.

— Ils le sont par mon grand dieu comme les tiens, même avant que nous vinssions au monde. Maintenant, parle, que veux-tu savoir?

— La tête d'un de nos soldats a été trouvée dans le moraï d'Avaho sur celle de ton dieu; donc, tu as approuvé l'assassinat, si tu ne l'as pas commis.

— J'ai fait un cadeau à mon grand dieu, voilà tout.

— Non, Pacoco, ce n'est pas tout; et nous savons que la branche de goïavier que tu gardais intacte dans ta case a été brisée par toi la veille du jour de l'assassinat de nos malheureux camarades; or, chez vous, c'est un signe de guerre. Est-ce vrai, Pacoco?

— Cela est vrai.

— Donc, tu avais autorisé le massacre.

— Tire de mon action les conséquences que tu voudras; en venant ici, je savais le sort qui m'attendait, et tu vois que je n'ai pas reculé.

— C'est que la retraite était impossible.

— C'est que ma retraite eût été ma honte, et que mes Kanaks auraient pu suspecter mon courage.

— Tu n'as pas autre chose à dire pour ta justification?

— Trouves-tu que je me sois justifié?

— Pacoco, nous allons décider de ton sort.

— Tâchez que ce ne soit pas long.

A l'unanimité des voix, Pacoco fut condamné à la peine de mort. Il entendit son arrêt avec un calme héroïque; il salua les juges, demanda la permission de leur serrer la main, leur sourit, de ce sourire de Pacoco qui faisait frissonner, et partit pour le lieu du supplice. Le président lui avait dit qu'il lui permettait d'en appeler à un conseil de révision. « A quoi bon? avait-il répondu, deux oui ne m'absoudront pas plus qu'un seul. Finissons-en. »

Les complices de Pacoco, *Opite, Mohi, Tekiki, Outa*, furent condamnés à l'exportation à vie dans une île déserte de l'archipel. Pakia seul, reconnu non coupable, fut mis en liberté, et reçut d'Amalric de superbes cadeaux qui le dédommagèrent de sa détention passagère et de ses terreurs.

Le lieu choisi pour l'exécution de Pacoco était le fossé au-dessous du blockhaus dominant l'hôpital. Le chef kanak s'y rendit d'un pas ferme, et, se plaçant à dix pas du peloton de quinze hommes qui l'attendait, il le regarda d'un œil assuré. Presque toutes les balles portèrent... Le cadavre fut enseveli à quelques pas de là.

Aujourd'hui encore, aujourd'hui que le tertre qui couvre les restes de Pacoco s'est nivelé ; aujourd'hui que notre domination ne paraît plus douteuse, vous ne persuaderez pas aux Kanaks que les balles françaises ont tué leur illustre chef.

Pacoco vit toujours, et s'il ne se montre pas à nous, c'est qu'il veut nous surprendre au milieu de notre sécurité.

A vrai dire, les chefs de chaque baie les entretiennent dans cette foi, tous jurent encore par Pacoco, et le jour n'est peut-être pas loin où l'ombre de ce brigand sera fatale à nos colons pris au dépourvu.

Cet amour des Nouhiviens d'Avaho et de presque tout l'archipel pour le chef qui avait droit à quelques détails n'est pas seulement une religion, c'est une frénésie dont le dernier soupir serait un massacre d'Européens, s'ils pouvaient espérer l'impunité. Pacoco gouverne encore, Pacoco s'impose toujours. Il n'est pas un Nouhivien arrivant de l'intérieur qui ne l'ait vu parmi les broussailles, à travers les rochers, au fond des précipices, au sommet des arbres, au-dessus même des nuages, brandissant son bâton de chef, lançant des éclairs et frappant d'anathème quiconque se déclarera notre ami.

UNE VISITE A MOHANA.

— Tiono me sert de guide.— Ascension.— Horrible repas.
— J'y prends part. — La mère de Tiono. —

La promenade sera courte et rude à la fois.

La case où je m'abrite ne m'offre plus d'études sérieuses : Mohana ne viendra pas aujourd'hui ; les petites Kanakes se jouent à la nage, parmi les brisants ; le Français ronfle en faux bourdon au pied de ma couchette ; et la femme du Péruvien, jeune personne de quinze ans au plus, se propose pour guide, si je consens à lui donner un mouchoir ou un crayon... Elle aura le mouchoir ; mes crayons sont ma fortune, je les garde.

— Où veux-tu aller, Atako?

— Où il y aura des arbres, de l'ombre, de la fraîcheur.

— Il y a un peu de tout cela de l'autre côté de l'île, mais puisque tu pars demain, tu dois renoncer au plaisir que tu me demandes, nous ne serions pas de retour avant trois soleils.

— Alors conduis-moi où tu voudras. Le chemin est-il difficile?

— Très-difficile.

— Trouverons-nous des cases et des hamacs?

— Oui, çà et là, mais très-peu, puisque nous entrons dans l'île. A nous, Atako, il nous faut la mer, la mer avec ses colères, sa grande voix et ses menaces. La mer nous apprend la guerre, et personne encore n'est venu chez nous pour nous apporter la paix.

— N'est-ce pas plutôt vous qui vous montrez les ennemis de tout visiteur?

— Suis-je le tien? Me demandes-tu quelque chose que je te refuse? Si nos frères mangent parfois quelques blancs, c'est qu'ils ont faim.

— En as-tu jamais mangé?

— Regarde, Atako, voilà un gros nuage qui *vêt* le soleil; partons, il ne tardera pas à verser des larmes, tu n'auras pas chaud.

Le gros nuage répondit à ma question, et ma charmante compagne de quinze ans me parut beaucoup moins douce au contact qu'avant la demande à laquelle ses lèvres avaient refusé de répondre. Au surplus, par prudence, je la bourrai de biscuits et je pris assez gaiement avec elle le chemin de la montagne. Pendant un quart d'heure à peu près, nous ne marchâmes que sur des bruyères épaisses, épineuses, serrées, hautes, et je ne comprends pas comment les jolis petits pieds de mon guide ne souffraient pas de leurs étreintes et de leurs piqûres.

Tiono chantait, et, comme elle, je me sentais heureux de l'averse tropicale qui fouettait mes épaules. Nous commençâmes l'escalade de la montagne par un sentier étroit et zigzagué, obéissant aux volontés impérieuses des crêtes pelées au milieu desquelles il est tracé.

Quelle nature que celle de ces jeunes filles kanakes que nous venons chercher si loin de la patrie! Ma compagne livrait joyeusement à l'averse sa chevelure noire et touffue, d'où pourtant les fleurs avaient été violemment arrachées.

Sur le plateau, que nous atteignîmes une heure plus tard, un froid assez vif se fit sentir, et je pense que le thermomètre centigrade n'eût pas marqué plus de six degrés au-dessus de zéro. Ma compagne parut en souffrir, puisqu'elle se mit à piétiner comme un cheval de manége, mais elle ne voulut point avouer sa douleur et me proposa une ascension sur un pic plus élevé.

Nous partîmes, et, pendant la courte halte que nous avions faite, je remarquai avec bonheur que les fourmis n'étaient plus nos hôtes familiers. Quant aux cancrelats, ils s'offraient à moi dans un lointain vaporeux, et je me réjouissais également de pouvoir bientôt m'assoupir sans avoir rien à redouter de l'aiguillon des moustiques, exilés de ces régions élevées.

— Ici, près de nous, deux cases! me dit ma compagne en me serrant le bras : viens.

— A qui appartiennent-elles? lui demandai-je.

— A Mohana, me répondit-elle gaiement : il nous fait signe d'approcher, hâtons-nous.

J'espérai que Mohana n'aurait pas faim, je marchai bravement à lui.

— Kahoua tayo (bonjour, ami), me dit le farouche insulaire en me frappant à petits coups sur l'épaule ; assieds-toi sur ma natte, nous mangerons plus tard. Il y a là du maïoré pour ton guide.

Sache d'abord, lecteur, qu'aux Marquises comme dans la Nouvelle-Calédonie, le mot *tayo* n'est pas seulement un mot, mais une chose, une chose sérieuse, immense, sacrée. Le *tayo* d'un homme ou d'une femme est son *alter ego*, plus que son frère, plus que son père. Si tu es mon tayo, tu dois te jeter pour moi dans un gouffre, tu dois te battre pour moi, me servir de bouclier au milieu du péril, m'arracher, au prix de ta vie, à la vague furieuse qui va me briser sur les récifs, et me couvrir de ton corps en tous lieux, à toute heure.

Je connaissais la valeur de ce mot dans la bouche des Kanaks de Noukahiva; aussi, dès que je sentis le sommeil gagner mes paupières, je songeai au moyen de défense que je pourrais employer en cas d'attaque et de trahison.

Je m'assoupis cependant ; et, chose étrange, le chef et les deux sous-chefs qui le servaient en esclaves me laissèrent à mes rêves très-peu dorés. Deux heures après, j'étais debout, plein de vie, et il me fut permis de faire l'inspection de la demeure royale sans adresser une seule question aux seigneurs du lieu.

La case était carrée, parfaitement régulière, couverte en fucus, et sans autre ouverture que la porte n'ayant pas quatre pieds de hauteur. Sur la paroi de droite, je touchai de la main plusieurs nattes enroulées, deux casse-tête dont l'un ciselé des deux bouts, et l'autre formé d'une mâchoire de requin, emmanchée à un morceau de bois de fer ; j'en avais vu de semblables à Ombay la Sacrilège.

Tout près des casse-tête et à hauteur d'homme, je touchai un crâne dénudé, puis un second orné de sa chevelure, puis un troisième aussi riche, puis un quatrième, humide aux doigts. Je m'arrêtai ; mais l'excellent Mohana, qui voulait m'épargner une fatigue à peu près inutile, acheva le récit que mes mains avaient commencé.

— Ici, me dit-il, sont trois crânes de Kanaks qui avaient violé ma demeure ; là, deux autres crânes anglais, dans lesquels je trouvai une cervelle sans saveur; là encore, deux mâchoires d'Espagnols descendus à Taïhahoé pour piller nos cases, et là d'autres crânes d'un pays que tu connais.

La nuit approchait... non pas pour moi, hélas ! et je parlai de mon départ.

— Pourquoi ne resterais-tu pas toujours avec nous ? me dit Mohana de sa voix douce comme le rauquement du tigre.

— Parce que j'ai là-bas une patrie, une famille que j'ai hâte de revoir.

— Il ne fallait pas les quitter.

Ces brèves paroles tombèrent pareilles à une menace de bandit, et la place de mon crâne me sembla désignée dans la case royale, insigne honneur, envié, je crois, par fort peu de monde.

Mohana, les deux demi-chefs et moi, nous nous mîmes à table, c'est-à-dire que nous nous accroupîmes sur une natte autour d'un cochon à peu près cuit, servi sur une large feuille de bananier. Pendant le repas, il me sembla que mes convives se parlaient à voix basse, et s'occupaient outre mesure des morceaux qui m'étaient servis ; il n'en fallut pas davantage pour m'ôter tout appétit, aussi ne faisais-je guère que grignoter ma ration ; je bus de l'eau, les sauvages avalèrent du *namou* (eau-de-vie) à pleines gorgées, et je jugeai très-sage de me lever, en priant le chef de me rendre mon guide pour le retour.

— Est-ce que tu n'accepterais pas le bras d'un de mes officiers ? me dit Mohana.

— Son bras serait bon, répondis-je, mais je craindrais beaucoup pour la solidité de ses jambes ; j'aime mieux ma petite Kanake, appelle-la.

— Elle ne viendra point.

J'eus peur.

— Pourquoi, repris-je, si tu le lui ordonnes?

— Parce qu'elle ne pourra m'entendre.

— Elle est donc bien loin?

— Oui et non.

Un frisson me saisit ; je gardai le silence, et je n'osais plus interroger.

— Mohana, poursuivis-je quelques instants après avec un mouvement de colère qu'il me fut impossible de réprimer, je veux mon guide, je ne partirai pas sans lui, et si tu me le refuses, tu ne mériteras plus le titre de *tayo* que tu m'as accordé.

— Le *tayo*, me répondit le sauvage, est celui qui ne mange pas le *tayo* qu'il s'est donné. Au contraire, le vrai *tayo* est celui qui donne à son tayo la plus fine natte de la case, le morceau le plus délicat du cochon ou de l'homme qu'il tue. Est-ce que tu as trouvé mauvais le festin de Mohana?

Je ne répondis point ; et sentant à mes côtés un des convives, je le pris par le bras et le priai de me servir de guide, en recommandant la jeune Kanake à Mohana.

— Va, sois tranquille, me dit le roi, ta protégée n'a rien à craindre; au revoir, tayo.

Mon estomac ne garda point le dîner de Mohana, je redescendis le morne, tantôt debout ou à peu près, tantôt roulant sur mes membres déchirés; et le lendemain, en allant demander à la mère des nouvelles de la jeune Kanake sa fille :

— Elle est là-haut, me répondit-elle de sa voix la plus calme.

— Auprès de Mohana, poursuivis-je.

— Oui, auprès, et bien plus haut encore; elle se promène sur les nuages.

— Comment! tu le savais donc quand elle est partie?

—Certainement, Mohana me l'avait demandée.

Nous avons des missionnaires à Noukahiva; les pères Dordillon, Jean et le frère Alexis prêchent au bruissement de la houle de Taïhahoé. Soyez étonnés, après cela, si leurs évangéliques paroles ne sont pas entendues!

DU CHLORE.

— Cérémonies funèbres. — Abus de l'huile de coco. — Fonctions de la fille du mort. — Les fosses en l'air. —

Du chlore partout, sur le sol, dans l'air, sur vos vêtements; l'opération va commencer. Assistez-y, puisque j'ai eu ce courage; peut-être, d'ailleurs, est-ce moins lugubre, moins terrifiant que je ne vous l'ai annoncé.

Il y a cinq minutes, c'était un homme; maintenant c'est quelque chose.

Voici la case : on y chante, on y danse, on y rit, on y pleure à intervalles égaux; on y mange, on y boit.

Une joie de plus est venue visiter la demeure, c'est le prélude, le reste va de soi-même.

Si vous êtes des privilégiés, des amis de la famille, ne refusez pas le bonheur qui vous est offert : la porte est ouverte, entrez; on va commencer la cérémonie, il n'en faut rien perdre.

La *chose*, comme je vous l'ai dit, est sur une natte; on lui soulève la tête, on l'appuie sur des genoux, ceux de l'épouse, de la mère ou de la fille; on la tient ainsi pendant qu'une autre personne l'imbibe copieusement d'huile de coco. Les mains frottent, frottent encore, égalisent la couche de liquide, en glissent délicatement dans les narines, sous les paupières entr'ouvertes, dans les oreilles et la bouche dont on sépare les dents à l'aide d'un morceau d'os ou de bois taillé en ciseau. C'est le commencement de la toilette : elle a occupé une heure au plus. Après la tête vient le cou ; après le cou, le torse... Ainsi de suite jusqu'aux pieds, qui subissent le même lavage et qu'on retourne avec toute la *machine*, afin que chaque partie reçoive le baptême du coco.

N'oubliez pas, je vous prie, que nous vivons et que nous mourons ici sous un soleil vertical qui ne permet à aucune brise de purifier l'atmosphère empoisonnée qu'on se fait dans ces solennités de famille, où le cœur a sa grande part, comme vous voyez.

Trois jours et trois nuits ont passé sur ce qui fut un homme, et ce corps, cependant, ne s'est point racorni ; grâce à l'huile protectrice, il est encore malléable, et vous allez voir la nouvelle épreuve qu'il va subir. On sait à Nouhiva le moyen de prolonger les extases. Voici une planche, un solide madrier de trois pouces d'épaisseur ; il peut aisément supporter le fardeau. En voici un second, taillé comme le premier ; le corps est placé entre les deux, on monte dessus, on piétine ; de solides cordages en bananier ou en baurao tirés avec force serrent le cadavre, le pressent, l'aplatissent, et en font une sorte de galette humaine, large, onctueuse, où se dessinent à peu près des yeux, un nez, des épaules, mais où commence toute destruction...

Encore trois jours avec le même soleil, avec la même rigide température, et je me demande comment il n'y a qu'un cadavre dans cette case.

A vous, maintenant, fille du mort; vous avez en main une large coquille taillée en forme de racloir; grattez, grattez avec ordre, avec symétrie, en mesure.

D'abord, vous le comprenez, la couche d'huile disparaît; puis on attaque l'épiderme qui est entamé à son tour, puis on arrive à la chair. C'est bien; on ne creuse pas davantage. Et toujours ce soleil, et toujours la mort qui se promène autour de la cabane! Mais que faut-il donc pour que les opérateurs s'arrêtent? Il ne faut qu'une chose toute simple, une chose que la tendresse la plus vive peut seule imaginer; il faut que le grattage sépare tout à fait la tête du reste du corps, et lorsque ce mastic de chair pétrie et repétrie peut se promener de main en main, l'ouvrage est à peu près complet, les Kanaks-carabins ont la permission de se reposer... A tout labeur son salaire.

Et maintenant, dans quel lieu retiré de l'île

va-t-on porter ces débris informes? quelle fosse assez profonde va-t-on creuser pour les recevoir? quels flots assez limpides glisseront-ils sur eux pour les purifier?...

Vous connaissez la case où ont eu lieu les préparatifs ; nous n'irons pas loin pour les compléter. Corps sans tête, membres sans formes, débris monstrueux d'intestins, de muscles, d'ossements demi-triturés, sont dévotement cousus dans de rugueuses étoffes, et le tout, bien emmaillotté, est déposé sous une case voisine de la première, mais dont la porte est désormais *tabou* pour tout le monde... Ici le respect des morts est la pierre fondamentale de la religion.

Explorateurs de ces contrées, désirez-vous un musée composé des armes, des vêtements et des ustensiles des Nouhiviens? Frappez du pied cette cloison de roseaux protégée par des feuilles de *pandanus*; violez la sainteté des tombeaux ; allongez les bras, et vous trouverez près de ce cadavre en débris des crânes dépouillés et des crânes riches de toute leur chevelure, puis des casse-tête ciselés, des haches de guerre en bois de fer, des javelines teintes de sang, des sagaies durcies au feu, des pirogues avec tous leurs agrès... La demeure du mort garde tout ce qui lui appartint pendant la vie, tout ce qui l'aida au milieu de ses habitudes sauvages, tout ce qui fit sa gloire, tout ce qui le rend cher et sacré à ceux qui l'aiment et pensent encore à lui.

Oh! je n'ignore pas que quelques voix s'élèveront pour accuser la sincérité de mon récit, et qu'elles diront que c'est un rêve à la Macbeth; mais j'en appelle à ceux qui, comme moi, ont parcouru ces archipels de sang.

— Pourquoi ces rires, ces danses, ces chants et ces pleurs sur le cadavre de cet homme? demandai-je à un chef de Wastohou.

— Nous l'aimions tant! me répondit-il en se frappant dévotement la poitrine.

— Pourquoi ces mutilations avant de l'enterrer?

— Il avait été si brave dans les combats!

— Pourquoi l'avoir ainsi défiguré?

— Ooro, le grand dieu, eût été jaloux de lui.

— Pourquoi l'entourer de ses armes de guerre, aujourd'hui qu'il ne peut plus les manier?

— Parce que nul d'entre nous ne s'en servirait aussi bien que lui.

— Le pleurerez-vous longtemps encore?

— A quoi bon? il est heureux, il se promène au-dessus des éclairs, il veille sur nous, il nous protége contre nos ennemis; il est et sera toujours notre chef.

— Ton travail est-il achevé? demandai-je à une jeune fille qui venait de gratter les restes de son père, comme vous avez vu.

— Oui, me répondit-elle avec un long soupir.
— Qu'éprouves-tu de tout cela ?
— Une grande lassitude.

Maintenant, suivez ce cortége. Quatre hommes ou six ouvrent la marche ; ils portent le cadavre sur leurs rudes épaules. La foule les suit silencieuse, et l'on prend le chemin de la vallée ou de la colline, conduisant à la forêt la plus ténébreuse.

On est arrivé, on se débarrasse du fardeau, et plusieurs Indiens, déjà sur le lieu, conservateurs du moraï (cimetière), vous indiquent la fosse.

Ne la cherchez pas à vos pieds : au contraire, levez les yeux, et vous verrez flotter à l'air des têtes décharnées, des fronts sans cheveux dominant les hautes cimes des plus forts colosses de la forêt ; on a creusé le tronc, on y a glissé le cadavre. Et le botaniste ou l'explorateur se promène sous un cimetière, nécropolis hideuse qu'il y aurait cependant sacrilége à toucher du doigt.

LE TABOU. — LE TATOUAGE.

— Superstitieux respect qu'ils inspirent. — Réponse d'un grand prêtre. — Tout est tabou. — Le tatouage. — Comment on le pratique. — Ses conditions. — Le père Alexis fait des calembours sans le savoir. — Sœur Marceline et sœur Sophronie. — Le père Dordillon. — Mon antipathie pour le nom de ce brave homme. —

Ces cinq lettres disent toute une religion. Quand le grand prêtre d'une île ou d'une baie a prononcé le mot *tabou*, malheur à vous si vous avez l'audace de le braver!

Tabouer une chose, un lieu, une personne, c'est les rendre sacrés, inviolables : la mort attend le profanateur.

— *A toë*, que fais-tu là, silencieuse devant ta case?

— J'attends.

— Quoi?

— Qu'on m'apporte le poison, je dois l'avaler ce soir ou demain.

— Qu'as-tu fait?

— Sans le vouloir, j'ai violé le *tabou*.

— Je ne te crois pas coupable, tu ferais bien de te sauver.

— Où irais-je? la malédiction du grand prêtre n'atteindrait partout, et personne d'ailleurs ne voudrait me recevoir.

— Excepté nous, qui ne croyons pas à la puissance de ton grand prêtre et qui sommes plus humains que lui.

— Tu te trompes, et, s'il le veut, il vous fera mourir tous d'un seul mot, d'un seul geste. Il est Dieu sur la terre, et tu n'ignores pas qu'un dieu est plus fort sans armes que vous tous avec vos fusils et vos canons.

— Essaye, suis-moi, et je te promets de te mettre à l'abri des atteintes de celui qui vous commande.

— Ne me prie pas davantage, matapo (nuit dans les yeux); le poison m'est annoncé, je l'attends ce soir ou demain, j'expierai mon crime.

La charmante et pieuse Kanake qui causait ainsi avec moi mourut quelques heures plus tard, sous les étreintes d'un poison violent ordonné par le grand prêtre et apporté par son père.

La mère était là aussi, étudiant sans larmes l'agonie de son enfant.

Le grand prêtre veut, le Kanak ne peut pas ne pas vouloir; le grand prêtre ne veut pas, nul Kanak n'osera dire : Je veux. Sur ces hommes dociles et abrutis Dieu n'est pas plus Dieu que leur grand prêtre, et, s'il plaisait à celui-ci de détrôner la divinité, ses disciples seraient sans culte.

J'ai dit que le nombre des objets *tabou* dans les Marquises était considérable, et j'ai dit vrai, j'en ai cité quelques-uns. En voici d'autres.

Femme, ne fume pas dans cette pipe; elle a touché les lèvres d'un homme, tu serais mise à mort.

Femme, ne te couvre point de ce tapa que vient d'effleurer le bâton du grand prêtre, le poison ferait son office.

La mer est tabou aujourd'hui, ne te baigne pas, ou l'on te crèvera les yeux.

Le soleil est calcinateur, voilà un enfant qui s'abrite sous un cocotier *tabou*... L'enfant est envoyé dans un autre monde.

Qu'a fait cette femme que deux hommes conduisent brutalement vers le haut de la montagne pour l'immoler à leur dieu? Elle a bu de l'*ava* dans un vase *tabou*.

Une femme escalade un cocotier, gare dessous! si un homme s'avise de passer par là, on lui coupe le nez ou on lui crève un œil...

Un enfant couvre sa tête d'un *pareo* appartenant à sa mère ou à sa sœur; la sœur ou la mère ne doit plus y toucher.

Rien ne m'a dit à moi que cette pierre du rivage fût *tabou* depuis hier, on m'a vu ce matin

LE TABOU. — LE TATOUAGE. 49

à toucher du pied, demain je n'aurai plus qu'une jambe.

De telle heure à telle heure, je puis manger les oranges ; de telle heure à telle heure, cela m'est interdit sous peine de la vie.

Pour me donner le droit de manger dans le même plat que ce chef, je dois avoir la main droite *tatouée*, sans cela on me la coupe... Ici du moins je suis averti.

Si j'allume ma pipe à un feu réchauffant des fers à repasser, j'ai un œil crevé...

Le bâton du prêtre ou du roi peut vous toucher et vous briser les os sans que vous soyez *tabou*; mais quand vous touchez le bâton, vous êtes immolé... Voilà un sceptre bien fatal !

Si cette pirogue dans laquelle vous entrez court vers l'est, asseyez-vous-y à reculons, ou les requins auront leur pâture ; si elle pique à l'ouest, vous avez plus de liberté... la religion du *tabou* est généreuse.

Le roi veut une chose, le grand prêtre la défend... Obéir à l'un, c'est désobéir à l'autre ; vous serez puni par le monarque selon le peuple, ou par le grand prêtre selon Dieu... C'est embarrassant.

N'est-ce pas une honte que de chercher à renverser une religion si sainte ?

Je suis *tabou*, tu n'en sais rien, et tu viens me

voir; attends que je te parle, car si tu dis *Kaoha* ou *Yorana* avant moi et que je te dénonce comme c'est mon devoir, on te coupera demain un morceau de la langue.

Une chose surtout m'étonne ici : c'est qu'il y ait tant de joie dans les fêtes, tant de rires dans les cases : ce qui était bien hier est mal aujourd'hui; ce qu'il fallait faire hier, sous peine d'un horrible châtiment, vous est défendu ce matin sous menace d'un châtiment bien plus effrayant encore.

Alors que je pouvais guider un pinceau, et que je visitais pour la première fois ce vaste océan, j'étais occupé matin et soir, principalement aux Sandwich, à barioler de dessins le corps des sauvages petits ou grands, chefs ou sujets, maigres ou dodus.

Je crois, en vérité, que j'ai peuplé cet archipel autant que les cinquante familles les plus prolifiques. Et quels personnages, quels héros, quels dieux je leur donnais! C'étaient : l'Apollon du Belvédère, la Vénus accroupie, la Diane chasseresse, l'Hercule Farnèse, Antinoüs, le gladiateur, Ganymède, Mercure... Toute la fable, toute l'antiquité se promenaient sur les épaules, sur les flancs, sur les bras et la poitrine des sauvages; un seul homme emportait l'Olympe, je faisais des miracles.

Oh! par exemple, je dessinais parfois aussi autre chose que des personnages historiques, et je me rappelle avec une certaine honte que j'ai tracé plus de mille cors de chasse *sur toutes les joues* des épouses de *Tamea-mea*, de celles des ministres et des chefs, qui se prêtaient à l'opération avec une grâce toute particulière.

Le tatouage de Mohana est ravissant ; sa régularité donnerait à croire qu'il a été dessiné à la règle, au compas et à l'équerre : c'est un costume complet de fashionable, dont tout roi sauvage doit tirer vanité, dont tout peintre se ferait honneur. Eh bien ! si un simple sujet du monarque ivrogne s'avisait de se parer de quelques-unes de ces bigarrures, la partie du corps qui porterait cette empreinte serait profondément tailladée, par ordre des souverains maîtres du lieu... A chacun son grade, à chacun ses insignes.

Après que mon scélérat de Français m'eut présenté comme roi au bandit, celui-ci, je l'avais oublié, ouvrit rapidement mon gilet et ma chemise, pour s'assurer de la richesse de mon tatouage, et je suis sûr que je perdis beaucoup dans son estime, dès qu'il se fut aperçu que nulle rigole ne me distinguait de frère Alexis.

Eh! bon Dieu! n'avons-nous pas aussi nos galons, nos épaulettes, nos broderies? Pourquoi Mohana n'aurait-il pas ses festons? Lui, du moins, se couche et dort avec ses insignes ; dites-moi ce qui, chez nous, distingue un général d'un soldat, étendus nus tous deux sur un lit de camp.

Comment se font ces magnifiques tatouages qu'on ne peut se lasser d'admirer? C'est tout simple : à l'extrémité d'une petite baguette, de la grosseur d'une plume à écrire, et d'une longueur de quatre à cinq pouces, on adapte verticalement trois pointes très-rapprochées qu'on applique sur la partie qui doit être timbrée. Cela fait, on saisit une autre baguette de la main droite, on frappe de petits coups sur la première, tenue par la main gauche ; les pointes pénètrent à peine, lentement, très-lentement, presque sans douleur ; une teinte rougeâtre s'en échappe, visible seulement à la loupe ; et puis on frotte le tout avec une feuille verte, dont le suc se marie au sang, et forme sur l'épiderme une triple ligne bleue de l'effet le plus pittoresque.

Un beau Kanak, de quinze ans au plus, s'étant avisé de faire graver sur ses pectoraux un requin mordant sa queue, a eu deux phalanges des doigts de la main droite enlevées d'un coup de hache.

— Je voudrais bien faire le tour de ton île, ai-je dit ce matin à Mohana, qui m'a paru n'avoir avalé que cinq ou six bouteilles de spiritueux;

mais il me faudrait peut-être un sauf-conduit ; le penses-tu ?

— Oui, certes, sans cela ta vie courrait quelque danger.

— Ne pourrais-tu me venir en aide ?

— Si ; fais-toi tatouer.

— Est-ce que tous les dessins protègent ?

— Plus ou moins : les miens, par exemple, rendent invulnérable.

— Eh bien ! j'accepte.

— Mais, pour s'en vêtir, il faut l'avoir mérité.

— Que dois-je faire pour cela ?

— Tuer un Kanak et en déjeuner.

— Où trouverai-je la victime ?

— Dans la première case venue ; veux-tu que j'aille la chercher ?

— Merci, Mohana ; je voyagerai plus tard, quand j'aurai faim.

Avec un petit croc-en-jambe donné à l'ordre qui doit régner dans tout ouvrage, il m'est aisé de revenir à frère Alexis, pour lequel on ne peut avoir que de l'amitié... N'aime-t-on pas les moutons et les veaux quand ils sont tendres ?

Je lui parlais de la stupide obéissance des Kanaks, et je les plaignais, avec un léger sourire, de les voir condamnés à des peines éternelles.

— Hélas ! me dit-il avec cet accent que vous

lui connaissez, saupoudré de quelques grains de componction, il en est des hommes comme des livres : *beaucoup d'épelés, mais peu de lus.* Et cela est bien dommage, poursuivit-il en se frappant la poitrine : ces gens-là sont doux comme des brebis, lorsqu'ils ne sont pas méchants comme des tigres ; on les apprivoise aussi aisément que des pierrots, quand ils ne vous griffent pas comme des vautours, et ils se nourriraient volontiers de fruits et de légumes, s'ils ne sentaient pas auprès d'eux la chair de chrétien. Croyez-moi, M. Arago, ajouta-t-il d'un ton triomphant, nous en ferons quelque chose, pour peu qu'on nous laisse encore ici une trentaine d'années. Revenez alors et nous vous en dirons des nouvelles...

Cher Alexis, tu vaux ton pesant d'or !

Dans tous les pays de la terre, le devoir du fils est de se dévouer aux besoins du père malade, de lui venir en aide, de le secourir par tous les moyens en son pouvoir. Eh bien ! aux Marquises, les aliments préparés par le fils sont *tabou* pour le père, qui ne peut pas y toucher sous peine de la vie.

Hier, pas plus tard qu'hier, j'étais dans une case où un pauvre vieillard, étendu sur sa natte, se mourait d'inanition ; j'entendais ses gémissements, qui me brisaient le cœur, et je lui en demandai la cause.

— Il a faim, me répondit son fils, robuste gaillard d'une vingtaine d'années.

— Hâte-toi donc de lui donner quelque nourriture.

— Cela nous est interdit par le *tabou*.

— Fais-lui-en apporter par d'autres personnes.

— Ce serait trop tard, il est perdu.

— Mais tu n'es donc pas son enfant? m'écriai-je avec colère.

— Si je n'étais pas son enfant, il vivrait.

— Mais, moi, puis-je lui être utile?

— Je te l'ai dit, il va mourir, et j'attends trois de mes amis qui vont m'aider à le transporter au sommet de la montagne.

— Et où, sans doute, vous prierez pour lui, ajoutai-je avec un geste de dégoût.

— A quoi bon? il sera mort; il n'aura plus besoin de rien.

Les amis arrivèrent; on porta sur la montagne, les restes inanimés d'un père que ses enfants avaient laissé mourir de faim.

A deux pas de là, pourtant, je le redis encore, il y a des missionnaires français, prêchant la religion du Christ; il est vrai que le révérend s'appelle Dordillon... Ce n'est pas sa faute, son père s'appelait ainsi.

Père Dordillon m'assure qu'il était à son baptême; je le crois. Mais il ajoute que son intelligence n'était pas encore assez développée pour comprendre le ridicule du nom que ses aïeux lui ont imposé, et le voilà aujourd'hui, vaincu par l'habitude, façonné à ces trois syllabes accusatrices et presque meurtrières.

Généreux comme tous ceux qui ont souffert, j'ai voulu consoler père Dordillon du ridicule qui l'a frappé : je lui ai rappelé que Dordillon rimait admirablement avec Massillon, Crébillon et Corbillon : le malheureux a compris ma pitié, il m'a présenté sa main fraternelle, et, les yeux perlés de larmes, il m'a prié de le défendre contre les railleries et le sarcasme.

Les mauvais plaisants sont prévenus, je me déclare l'ennemi de tout ennemi du père Dordillon de pieuse mémoire.

NOUKAHIVA. — DOUX SOUVENIRS.

— Chant de deux jeunes filles à Noukahiva. — J'apprends le français à la belle Oréa. —

J'ai dit, je ne sais pas où, que la nature du sol exerçait une immense influence sur les hommes qui le peuplent, et j'ai dit vrai.

Certes, tout est farouche à Noukahiva.

Et pourtant quelque chose de bon, de charitable et d'heureux vous arrive parfois dans vos promenades avec les Kanakes, de la baie de Taïhahoé, ou pendant les nuits que vous passez auprès d'elles, alors que le grand prêtre a bien voulu les épargner.

Je vous ai dit un de leurs poétiques chants aux accords des baguettes marquant la cadence de la phrase musicale; en voici un autre dont le principal trait ne vous échappera pas sans doute, et qui me fit prendre en affection la jeune fille qui le modula. Elles étaient deux, toutes deux vieilles de douze ans au plus, complétement nues... La vigne ne pousse pas à Noukahiva; et, ignorantes du danger qu'elles faisaient courir à l'étranger visiteur, le chant commença sur un rhythme doux, calme, posé, mélodieux; il n'avait que de trois notes, tantôt brèves, tantôt allongées, et se terminant toujours d'une façon brusque et nette. Écoutez le dialogue, auquel j'enlève un peu de ses couleurs beaucoup trop vives.

— Sais-tu pourquoi, Taïta, l'homme est plus fort que la femme?

— Je ne le sais pas, Aïhj.

— Veux-tu que je te le dise?

— Je veux bien que tu me le dises, mais je ne te croirai pas.

— Pourquoi ne me croiras-tu pas ?

— Parce que je sais, moi, que la femme est plus forte que l'homme, car la vraie force est moins dans le bras que dans l'âme.

— Alors, pourquoi obéissons-nous ?

— Parce que nous avons plus de bénéfice à cela.

— A mon tour, je ne te comprends pas.

— Encore quelques lunes et tu me comprendras à merveille.

— Qu'elles se dépêchent donc de se lever !

— Tiens, vois-tu, dès que tu prendras un mari, tu ne douteras plus de ta puissance sur l'homme.

— Avance donc le lever et le coucher des lunes.

— Ce n'est pas possible ; mais tu vas me comprendre tout à fait. Tu sais que Taboé est mon mari ; eh bien ! si tu passais la nuit dans notre case, tu verrais que je commande, que je suis sa cheffesse, et qu'il me reconnaît plus forte que lui, puisqu'il reçoit de moi plus de bonheur qu'il ne m'en donne.

Est-ce que la femme serait femme, même à Noukahiva ?

Je sortais de chez le père Dordillon, où Mohana heureusement n'était pas venu dans la journée, et j'allais me promener un instant sur la plage, lorsqu'une fillette de dix à douze ans, appelée Oréa, qui s'était faite chrétienne la veille, vint se suspendre à mon bras en ordonnant à l'Espagnol, mon guide, de lui laisser le champ libre.

— Que veux-tu de moi? dis-je à la folle.

— Que tu m'accompagnes jusque dans ma case.

— Pourquoi cela?

— Parce que je désire apprendre ta langue.

— Mais tu en sais assez pour les bénéfices qu'elle te procure. Qui a été ton maître?

— Un Français, nommé Ledanseur, que j'avais pris pour tayo.

— Eh bien! Oréa, je t'accompagne.

Nous arrivâmes dans la case, déserte en ce moment, et je m'assis sur une natte adossée en partie au mur de bambous et de fucus entrelacés.

Oréa s'accroupit... pourquoi ne le dirais-je pas?... sur mes genoux, toute chrétienne qu'elle était; mais la foi n'avait pas encore pénétré dans son âme.

La jeune Kanake était vêtue de ses douze ans, de sa candeur charmante, de ses feuilles et de ses fleurs au cou, dans les oreilles et parmi ses cheveux affranchis de la hideuse huile de coco dont je vous ai déjà parlé.

Les mains et les pieds d'Oréa étaient d'une délicatesse à damner la plus coquette Andalouse de Cadix, et ses épaules rondelettes, ainsi que ses bras fermes et potelés, disaient une vie pleine de séve et de virilité.

— Voyons, Oréa, est-ce bien pour apprendre ma langue que tu m'as conduit ici?

— Oui pour cela, pour cela seul.

— Tu mens.

— Qu'est-ce que mentir? me demanda la jeune fille avec une naïveté qui n'avait rien d'hypocrite.

La leçon était commencée, et je ne saurais vous dire combien se montrait intelligente la Nouhivienne lorsqu'elle voulait réellement savoir. Le front, le dos, les cils, le nez, elle touchait ces parties de mon corps, les nommait dans sa langue si sonore, et retenait admirablement les syllabes de la mienne. Toutefois elle ne parvint à prononcer qu'avec une extrême difficulté certaines consonnances qu'elle semblait ne pas comprendre.

Quant aux paroles aisées, je vous le répète, Oréa les logeait aisément dans sa mémoire; et, le soir, en repassant devant sa case, je l'entendis donner gravement des leçons de français à quelques-unes de ses compagnes dont vous pourrez juger les progrès, si, dans une de vos promenades du matin, vous vous égarez jusqu'aux Marquises.

Croyez-vous donc que de semblables distractions soient sans intérêt pour l'explorateur? Croyez-vous donc qu'à cinq ou six mille lieues de la patrie, on ne se fasse pas un grand plaisir d'un petit plaisir, une immense joie d'un sourire imperceptible?

Après deux heures de professorat, je m'éloignai d'Oréa, parée comme une touffe de jasmin; mais elle me suivit dans ma promenade, et ne voulut confier à personne l'instituteur indulgent qu'elle s'était donné. Hélas! je vais de nouveau mettre le cap sur cette France tant aimée où reposent les cendres bénies de mon père et de ma mère; eh bien! Oréa, que je quitterai demain, me poursuivra, j'en suis sûr, jusqu'au milieu des plus douces intimités de famille; et si ma main se pose, au printemps, sur un bouquet de fleurs, je croirai caresser la tête de la charmante Nouhivienne, joyeusement accroupie à mes genoux.

LA NOUVELLE-CALÉDONIE.

Perfidie des Calédoniens. — Leur férocité. — Les cannibales de Tahiri. — La vie du Calédonien. — Dialogue significatif. — Cuit ou cru? — La petite Chiloé. — Scènes d'anthropophagie. — Le baleinier américain. — Le Caïman. — L'Alcmène.

Vous êtes à trois encablures du rivage... — Mouille! La chaîne se déroule, l'ancre mord l'abîme; la corvette frétille... Vous êtes en repos.

Quelques pirogues viennent rôder autour du navire; des hommes, des femmes, des jeunes filles surtout vous offrent d'une voix éclatante et gutturale les fruits de leur pays.

Vous leur donnez en échange des mouchoirs, des hameçons; on vous salue, on vous invite à aller vous abriter sous les cases hospitalières. Vous répondez à cet appel amical. La nuit glisse plus rafraîchissants, on vous a préparé les nattes sur vous, nuit caressante, balsamique, et, le lendemain, à votre réveil, vous accusez les voyageurs, vous flétrissez leurs récits, et vous tracez sur votre calepin les détails de vos premières joies dans la baie de Tahiri, à l'est de la Nouvelle-Calédonie. Vous n'avez trouvé dans les cases que des hommes pieux au culte de l'hospitalité; on vous a servi les mets les plus rafraichissants, l'île entière est un séjour délicieux, une relâche comme on en désire après une longue et périlleuse navigation : les explorateurs ont menti, vous n'avez vu ni membres déchirés, ni crânes sanglants dans les huttes.

La Nouvelle-Calédonie est une magique oasis !

Imprudents, qui croyez qu'ici les caresses sont sans hypocrisie, toutes les pressions de main sans haine !

Croyez à la véracité, à l'expérience de ceux qui vous ont précédés dans la carrière, et qui pleurent encore un frère, un ami, dévoré par les anthropophages de Tahiri !

Quelle est la vie du Calédonien ?

Le soleil se lève, le Calédonien se couche ; puis, réveillé par le bruissement du flot qui se promène à ses pieds, il se dresse, entre dans sa pirogue à un seul balancier, pousse au large et va s'exercer aux luttes que l'Océan lui propose dans ses jours de turbulence.

Parfois aussi, pendant cette promenade de quelques heures, le Calédonien, debout sur son embarcation, le pied en avant, le bras levé, l'œil aux aguets, cherche la dorade vagabonde, et la saisit au milieu de sa course, à l'aide d'un fer tridenté, emmanché à un tout petit roseau que le chasseur tient captif par un filin d'une longueur de plusieurs brasses... Manquer sa proie après une épreuve serait une honte que le Calédonien n'oserait guère avouer à ses amis.

Quand la pêche est faite, quand la pirogue est hissée sur la plage, l'indigène s'achemine sous un goïavier, s'accroupit, avale, sans le faire cuire, le poisson encore tout frais, ajoute à son repas une banane ou un évis, se couche et attend que la pendule de la machine universelle s'abrite derrière l'horizon.

J'ai oublié de vous dire qu'avant et après son repas, avant et après son sommeil, le Calédonien prie et rend grâce à son Dieu.

Que lui demande le Calédonien ? Ah ! vous ne le savez, vous qui pleurez un compagnon de vos périls, absent à l'appel du bord.

Le Calédonien se taille lui-même son dieu, qui n'est dieu qu'autant que la créature sort victorieuse du combat ; s'il y a défaite, le dieu n'est plus capable d'être dieu : on le livre aux flammes, et un tronc d'arbre de la forêt voisine le remplace.

Pour une bataille rangée, le Calédonien invoque son grand dieu, dressé sur le haut de la montagne.

Pour une escarmouche, il s'agenouille aux pieds d'un dieu moyen posé sur une colline, et pour un combat singulier il s'incline seulement en présence d'un tout petit dieu abrité par un chou-caraïbe ou quelque arbuste de la vallée...

Ces braves gens, logiques à leur manière, proportionnent la reconnaissance au bienfait; mais vous savez également comme ils se vengent de l'impuissance et du mauvais vouloir.

— As-tu un dieu? demandai-je un jour à la fille du chef Haané.

— Si je n'en avais pas un au moins, je courrais grand risque de ne jamais savoir le goût de la chair du blanc!

— Et tu regarderais cela comme un horrible châtiment, sans doute? poursuivis-je, en écoutant avec soin les modulations de sa voix.

— Je ne crois pas qu'il y en ait de plus affreux, me répondit-elle, car manger ça, c'est dire qu'on est plus fort et qu'on ne sera pas mangé à son tour.

— A quel âge as-tu mangé de ça pour la première fois?

— Je ne te comprends pas.

— Je te demande s'il y a longtemps que tu n'as mangé de la chair de blanc?

— Oh, oui! plus de cinquante soleils.

— Était-ce dans un festin général?

— Oui, mais entre nous, jeunes filles; car il ne nous est point permis de manger avec les hommes.

— Aimes-tu mieux ça cuit ou ça cru?

— Ça cuit nous fait trop attendre, j'aime mieux ça cru?

On pourrait paver une des plus larges vallées de l'île, à l'aide des ossements humains dénudés par les dents des anthropophages de cet archipel farouche, et ma mémoire bouillonne au souvenir des scènes de désolation qui ont ensanglanté les cases de la plaine et les galets du rivage...

Faisons quelques haltes et tournons vite ces feuillets!

En 1857, un baleinier américain vint jeter l'ancre devant Tahiri... Le lendemain, pas un homme de l'équipage n'était vivant: tous avaient péri, pendant leur sommeil, sur les nattes mêmes que les jeunes filles leur firent partager avec elles!

Le capitaine, resté seul à bord, tomba, le crâne brisé par le casse-tête d'une cheffesse de la vallée.

Un an plus tard, *le Caïman*, de Baltimore, perdit quatre de ses meilleurs matelots, dont les insulaires envoyèrent les torses déchiquetés au capitaine, comme une provocation de descendre à terre. Une descente eut lieu, en effet, et, pendant qu'on tiraillait à travers la forêt, des Calédoniens en embuscade accostèrent *le Caïman*, massacrèrent les hommes de garde, coupèrent le câble, et jetèrent le navire à la côte.

Ce fut une horrible boucherie que celle où périrent quelques hommes de la marine marchande britannique dont ces cannibales se jouèrent avec une épouvantable cruauté.

Un matelot par jour tombait sous la sagaie ou le casse-tête, et les camarades du mort étaient forcés, pour éviter d'affreuses tortures, d'avaler la ration de chair humaine qui leur était présentée.

Mais je m'arrête : je ne veux pas fouiller davantage dans les annales de ce peuple, l'un des plus féroces du monde, et je me demande comment, après de si lugubres souvenirs, quatorze de nos plus intrépides marins et deux de nos plus vaillants officiers se livrèrent, il y a quelques mois à peine, aux traîtresses caresses de ces hommes de rapine et de meurtre !...

Où sont les membres de nos infortunés compatriotes?

Quant aux ossements blanchis, les voilà gisants sur la grève, saisis et vomis tour à tour par le flot.

Le désastre de *l'Alcmène* sera un stérile enseignement ; vous verrez que les premières nouvelles qui nous arriveront de ces parages lointains diront les récits de quelques nouveaux massacres dont nous avons cru tirer vengeance en brûlant trente cases et cinquante pieds de cocotiers...

Feu sur cette île inhospitalière qui se dresse devant nous comme un fantôme menaçant! Feu sur les farouches Calédoniens errant là-bas sur la plage, vous caressant de la main, et ne vous donnant bientôt que l'hospitalité de leurs entrailles!!!

TAITI.

— Description et souvenirs. — Les Taïtiens jugés par Cook et Bougainville. —

Trois fois salut à ce riant berceau de verdure qui point à l'horizon et se mire dans les flots les plus diaphanes du globe!

Trois fois salut à l'île célèbre que Bougainville et Cook découvrirent presqu'en même temps et jetèrent en pâture à la curiosité de tous les explorateurs!

Trois fois salut à Taïti dont les cocotiers semblent faire la conquête des cieux et que la brise de chaque jour caresse de son haleine la plus parfumée!

La voilà... Du vert à sa base, du vert à sa cime, du vert sur ses flancs; partout une opulence à fatiguer la vue, partout de l'air, du soleil et le zéphyr se jouant à travers les fruits des maïorés.

On me dit toutes ces émotions et mes yeux se baignent de larmes, et je me réfugie dans mon passé pour me sauver du désespoir...

Tous mes plus gais souvenirs se ravivent à l'approche de cette île diaprée, joyeuse parmi les plus joyeuses et sur laquelle la vie a, depuis tant de siècles, couru si jeune de plaisirs, si étrangère aux haineuses passions.

Mes Carolines, mes Mariannes aux mœurs si hospitalières, mes courses matinales à travers les forêts de pandanus, de rimas et de bananiers, mes haltes mystérieuses dans les cases des mères absentes pour le repos des étrangers balancés dans les hamacs par les filles à la voix caressante, mes ruisseaux limpides, mes plages onduleuses où la lame meurt avec un soupir, mes nuages voyageurs traversant les airs comme un essaim de chèvres vagabondes, — j'allais tout retrouver, j'allais ressaisir la vingtième année d'une vie que le ciel m'a faite si turbulente.

A peu de distance l'un de l'autre, Cook et Bougainville découvrirent Taïti. Tous deux jugèrent différemment les sauvages de cet archipel, tous deux eurent raison à leur point de vue, et le caractère diamétralement opposé des navigateurs explique cette divergence d'opinion : Cook était emporté, violent; les punitions qu'il infligeait devenaient des châtiments; il avait étudié les mœurs assez difficiles des peuplades nouvellement découvertes, et il les traitait parfois avec une rigueur dont la dernière minute devait s'éteindre à Owhyée, dans une journée de massacre.

Les O-taïtiens, comme on disait alors, ne différaient pas de leurs voisins; ils convoitaient tout ce qui s'offrait à leurs yeux, tout ce qui se trouvait à portée de leurs mains. Ils vinrent à bord, et, fidèles à leur nature, peut-être sans croire commettre une coupable action, ils dérobaient les clous, les bouts de corde, les morceaux de fer, courant çà et là sur le pont ou dans les batteries.

Cook ne voulait pas de cela, et le voulait si peu qu'il envoya aux fourrageurs du petit plomb bien brûlant, bien dirigé, qui fit pousser de hauts cris et courir aux armes.

La lutte était trop inégale, les naturels vaincus cessèrent de fraterniser avec des hommes qui lançaient le tonnerre; ils se cachèrent dans leurs broussailles, et Cook écrivit ce que vous avez lu sans doute, — à savoir, que les naturels de *la Société* étaient insociables, querelleurs, maraudeurs et voleurs.

Bougainville, au contraire, était un colonel de cavalerie, bon viveur, un peu, beaucoup libertin, voyant toujours le meilleur côté des choses, n'aimant les pleurs ni chez lui ni chez son voisin, cherchant les joies pour les matelots encore plus que pour lui, et courant après une douleur pour la chasser et pour l'amoindrir.

En arrivant dans la rade effrayée de Papéété, Bougainville se demanda tout d'abord la cause des craintes qui poursuivaient les naturels; et, descendant presque sans armes, il se livra, pour ainsi dire, aux insulaires et conquit en un instant toute leur confiance.

Le lendemain, les O-taïtiens se rendirent à bord; on les reçut comme des frères, on les traita comme des amis; ce qu'ils convoitaient, Bougainville le leur donna. Les femmes accompagnaient les hommes, on dansa sur les mêmes planches, on s'assit à la même table, on se coucha sur la même natte; bien des mariages furent accomplis, et, deux jours plus tard, en pleine grève, en présence de toute une population en délire, le capitaine de vaisseau, redevenu jeune auprès d'une charmante vierge de douze ans, conquit ses éperons et reçut, sans orgueil, six vivat énergique dont l'île entière se souvint pendant le séjour de la frégate à Papéété.

Bougainville écrivit aussi l'histoire de sa relâche dans l'archipel, et vous comprenez pourquoi sa relation, revêtue des couleurs les plus anacréontiques, diffère en tout de celle du capitaine anglais, qui se souciait fort peu de la gentillesse des fillettes o-taïtiennes.

Cook avait des voiles sur ses navires, il en aurait également voulu sur les femmes du pays : toute nudité le blessait ; et voilà pourquoi ses récits sont empreints d'une colère si pudibonde.

J'aime Cook, mais je suis loin de haïr Bougainville, et le rôle de celui-ci me semble, au total, préférable au rôle de celui-là...

TAITI. — SON HISTOIRE.

— Détails curieux. — Premier débarquement des missionnaires anglais en 1797. — L'eau-de-vie vient en aide à la prédication. — Le roi Pomaré Ier. — Son fils âgé de douze ans le détrône. — Il fait assassiner son fils et ressaisit le pouvoir. — Premières discordes entre les missionnaires et les insulaires. — Combats. — Fuite d'une partie des missionnaires. — On force ceux qui restent à vivre comme les insulaires et à quitter leurs vêtements. — Tamaré essaye son pistolet. — Première chapelle. — Enlèvement d'une idole. — Guerre d'extermination. — La famine. — Les matelots européens infectent l'île. — L'idole Oro retourne d'elle-même dans ses forêts. — Traduction du mot *Pomaré*. — 1836. — Les Français à Taiti. — *La Vénus*. Le capitaine Dupetit-Thouars. — Lettre d'excuse de la reine Pomaré apportée par un droguiste. — M. Moerenhout, d'origine belge, présenté par M. Dupetit Thouars comme consul français. — Le charpentier Brémond est amoureux. — Lettre curieuse de la reine au roi Louis Philippe. — Point de pudeur, partant pas de scandale. Philosophie de la nature. — *L'Astrolabe* et *la Zélée*. — Dumont-Durville. — Le favori. — La reine. — Pritchard vu de près. — La reine Pomaré écrit à la reine Victoria. — Le capitaine Elliot. — Le commandant Cecil. — *L'Artémise* et *le Pylade*. — L'intrépide du Bouzet. — 1842. — On nous cède Noukahiva. — Le capitaine Bruat. — Les mœurs de la reine. —

Comment les archipels ont-ils été peuplés? Comment sur ces îles abruptes ou parfumées, si voisines les unes des autres, trouve-t-on des hommes d'une nature si opposée ?... Ce sont là deux graves questions que j'ai cherché à résoudre dans les *Souvenirs d'un aveugle*, et qu'il est impossible de ne pas s'adresser quand on parcourt ces contrées.

Ici des têtes noires et farouches, des cheveux crépus, des mœurs inhospitalières ; là, tout près, des teints jaunes ou bistrés, des cheveux longs et plats, des habitudes de clémence et d'humanité. Sous vos yeux, l'anthropophagie en honneur ; sous votre main, à deux pas, l'amour du prochain, des danses, des jeux et les joies de famille.

Ce sont là des contrastes d'autant plus frappants, d'autant plus merveilleux, que le même ciel abrite ces nations diverses, qu'elles se baignent à des sources pareilles, se nourrissent des mêmes fruits, se réchauffent au même soleil et se bercent aux mêmes brises.

Certes, de tous ces groupes d'îles plates ou rocheuses dont s'enorgueillit le Pacifique, le plus curieux, le plus pittoresque est, sans contredit, celui que Cook nomma l'*Archipel de la Société*.

Partons du point où les missionnaires vinrent y prêcher leurs doctrines ; suivons-les à travers les péripéties de leur épopée, et laissons les faits parler d'eux-mêmes.

La famille de Pomaré régnait sur l'archipel ; noble famille, intelligente, énergique, rusée, qui se perpétue et n'est pas près de voir s'éteindre sa race, malgré nos citadelles et nos canons.

En 1797, dix-huit missionnaires anglais, portés par un magnifique trois-mâts, débarquèrent à Matasaï et demandèrent humblement à Pomaré un étroit espace pour leur case, un peu de terre pour un jardin, et l'amitié des hommes qu'ils venaient convertir à notre religion. Pomaré leur donna le terrain, des bras pour les aider à le cultiver, mais ne leur promit rien de plus.

Un grand prêtre, Mani-Mani, qui craignait de voir sa puissance vaincue, invita les Anglais à venir s'établir à Moréa, pour les empêcher d'aller s'établir à Taïti, où Pomaré les appelait cependant de tous ses vœux. Les Anglais promettaient obéissance, ils rêvaient de souveraineté.

Pomaré vit le piége où il s'était laissé prendre; mais, trop faible pour résister aux menaces qui grondaient autour de son palais de chaume, il se déclara hautement le partisan des Anglais et perdit ainsi toute son influence sur ses sujets. Son fils le détrôna, et pourtant il avait alors douze ans à peine.

L'Arii-rahi régna donc sous le nom de Pomaré II et joignit à son titre celui de Témaré-Taatano-te-Atona, c'est-à-dire l'homme des dieux.

Sous lui, et comme gouverneur de Wapaïno, l'un des plus grands districts de l'île, s'agitait dans sa servitude Weïdona, le plus jeune de ses frères. C'était un adolescent d'une incroyable énergie, d'une rudesse de caractère à défier les vengeances, et qui menaçait déjà son frère dans un court avenir... Laissons-les à leurs querelles de ménage, à leurs inimitiés intimes, à l'abrutissement dans lequel ils se plongent à l'aide des liqueurs alcooliques, traîtreusement prodiguées par les missionnaires qui prêchent leur Dieu par la débauche et l'ivrognerie.

Les possessions de Pomaré et de son fils, en 1797, se composaient de vingt-cinq milles de côtes, habitées par quatre mille quatre cent huit indigènes, c'est-à-dire près du quart de la population de l'île.

Me sera-t-il permis maintenant de croire, d'après Cook et Bougainville, que, dans les guerres que se faisaient les diverses îles de cet archipel, on avait vu souvent vingt-cinq à trente mille guerriers en venir aux mains?... Cook s'est trompé, Bougainville a fait erreur.

Je puise dans un livre kanak, religieusement conservé à Taïti, les documents précis qui suivent :

Idia, femme de Pomaré 1ᵉʳ, régnait sur environ huit milles de côtes, habitées par sept cent cinquante-six individus.

Ina-Medona, veuve d'un puissant chef, commandait à quinze cent dix-huit naturels, dans un espace de douze milles.

Témaré, l'*homme des dieux*, faisait trembler sous lui quatre mille cinq cent trente insulaires, dispersés dans un espace de vingt-cinq milles.

Sous Weïdona se courbaient seize cents habitants, vivant de la pêche et des fruits qu'une nature féconde ne cessait de leur prodiguer.

Le duff qui avait apporté les étrangers à Taïti mit enfin à la voile, et ce départ, qui laissait les prédicants à la merci des insulaires, ne leur ôta rien pourtant de l'influence qu'ils commençaient à exercer.

Seulement, comme Mani-Mani était venu leur demander appui pour soumettre un de ses rivaux et que les Anglais voulurent rester neutres, il s'ensuivit un refroidissement qui nécessita bientôt, de la part des missionnaires, l'emploi des armes à feu. Le sang coula de part et d'autre; tout homme isolé courait grand risque de la vie, et Mani-Mani se déclara l'ennemi mortel de tout étranger qui oserait rester à Taïti.

Le premier attentat commis sur les missionnaires eut lieu en mars 1798. Ceux-ci, allant porter leurs plaintes à Pomaré, furent attaqués par les insulaires, qui voulurent les noyer, mais qui se contentèrent de les dépouiller et de leur infliger quelques châtiments corporels, afin de les dégrader aux yeux des nationau[x]

Le *Nautilus* arriva sur ces entrefaites, quelques-uns des missionnaires, bien certai[ns] qu'une guerre d'extermination allait éclater, s'e[m]barquèrent sur ce navire et prirent la route d[e] Port Jackson.

Cette retraite fut un malheur et une faute à [la] fois : elle encourageait les insulaires dans leu[rs] violences et leur disait en même temps notre fai[b]blesse et notre pusillanimité.

Les désertions commencèrent, l'Europe s'im[]planta sur la rade de Papéété, les jeunes fill[es] forcèrent les nouveaux venus à quitter leurs vête[]ments, et bientôt deux peuples n'en firent qu'un[,] une seule case suffit à deux familles, et les en[]fants des insulaires naquirent moins bitumineu[x] en perdant quelque chose de leur virilité.

Cependant, pour parler encore des désordre[s] qui éclatèrent à cette époque à Taïti, disons qu[e] Pomaré a envahi le district où s'était commi[s] l'attentat dont les prêtres avaient à se plaindre et qu'il fit pendre deux des principaux coupa[]bles.

Cette justice, un peu tardive, n'arrêta poi[nt] les missionnaires dans leur émigration, car il[s] prévoyaient déjà de cruelles représailles ; plu[]sieurs d'entre eux suivirent l'exemple des onz[e] premiers qui avaient pris la fuite, et le culte kana[k]

andit de toute la frayeur du Christ, s'échappant
travers les océans.

Tandis que la vie des nouveaux venus courait
certaine au milieu de celle des insulaires, deux
leiniers anglais vinrent jeter l'ancre à Papéété.
amaré s'empressa d'aller visiter les capitaines,
ii lui donnèrent deux barils de poudre, en
hange de plusieurs étoffes et bagatelles du pays.
rivé sur la plage, Tamaré voulut apprécier la
leur du cadeau; il arma un pistolet, fit feu sur
i des barils, et l'explosion emporta Tamaré avec
elques-uns de ses fidèles sujets. On crut à une
ahison des pêcheurs, on se prépara pour une
taque contre eux; mais, prévenus à temps, ils
irent le large et abandonnèrent l'île à sa tor-
eur du moment.

Cependant, chassé du trône, mais entouré de
uelques séides déterminés, Pomaré Ier fit assas-
ner l'usurpateur et ressaisit le pouvoir, en pro-
iettant sa protection aux missionnaires, restés
dèles à la loi qu'ils s'étaient imposée.

1799 fut marqué par une large tache de sang;
in missionnaire tomba sous le poignard d'un Ka-
iak, et, quelque zélées que fussent les démarches
le Pomaré II, le coupable échappa au châtiment.

A quelques mois de là s'éleva sur Taïti la première chapelle européenne. Les Kanaks y allèrent
d'abord par curiosité; plus tard, par habitude;

et, comme les prêtres les invitaient à ces visit[es]
par de légers cadeaux, la chapelle fut bientôt tr[op]
petite; l'intérêt fit des prosélytes aux nouvea[ux]
prédicants, et puisque la religion prêchée [ne]
prescrivait aucune mutilation, on oublia les idol[es]
de bois du pays.

En 1801, peu s'en fallut qu'une guerre n'é[-]
clatât entre la France et Taïti par l'imprévoyanc[e]
d'un capitaine, qui avait voulu faire porter à so[n]
bord Oro, la principale idole des Kanaks.

La présence à Papéété de deux vaisseaux an[-]
glais, *le Porpoise* et *Royal Admiral's*, fit taire
les prétentions du malencontreux capitaine, e[t]
l'épée resta dans le fourreau.

Cependant, après le départ des deux vaisseaux,
le capitaine désappointé, qui voulait bien ce qu'il
voulait, profita du naufrage du *Norfolk* dont il
sauva l'équipage, et à l'aide duquel il s'empara,
par la force, de l'idole vénérée.

De là une guerre à mort, une guerre d'extermination, une guerre de broussailles et de rochers, dont on parle encore avec horreur dans le
pays, et qu'on appelle toujours *Te Tamaï no
Proua*, c'est-à-dire guerre de Proua, du nom du
chef principal qui guida les révoltés.

Pomaré fut vaincu dans la lutte; partout où il
essaya de résister aux armes européennes, il es-
suya de grands échecs.

Acculés à Motavaï, Pomaré et ses plus [fidè]les sujets résolurent de se retirer à Mo[ore]a pour s'y préparer une revanche; mais les [mi]ssionnaires, qui ne voulaient pas perdre le bé[né]fice des arrivages de Sydney apportant des [vivr]es à Taïti, se jetèrent dans la politique et [s'o]pposèrent ardemment au départ de la famille [roy]ale.

Aidé des hommes du *Norfolk*, qu'il avait ga[gn]és par des promesses de concessions de terrain, [Po]maré résolut de surprendre les insurgés vi[va]nt à Attahouro, dans la sécurité de la vic[toi]re... Il les surprit, en effet, la nuit, dans leur [so]mmeil, et fit une horrible boucherie des guer[ri]ers, des femmes, des enfants, des vieillards. Que le sang de cet épouvantable massacre ne tombe pas sur Pomaré, qui avait à exercer des [re]présailles contre les vainqueurs, mais sur le [su]édois Andrew Lind, qui, à la tête des hommes [do]nt il avait monté le cerveau à l'aide de liqueurs [sp]iritueuses, leur donnait l'exemple de la bruta[li]té la plus inouïe.

Les fléaux ne voyagent presque jamais seuls : la guerre succède la famine; la famine sert [d']escorte à la peste... Une épouvantable mala[d]ie, apportée par les matelots européens, plongea [l]a colonie dans la désolation et jeta le deuil dans [l]es familles; Taïti ne vécut, pendant quelque temps, que de sa misère et de ses douleurs.

La science et le climat arrêtèrent pourtant les effets du mal dévorateur ; le sourire se remontra sur les lèvres, et la malédiction s'éteignit dans les âmes.

Oro fut repris ; les traditions du pays nous assurent que l'idole retourna d'elle-même dans la forêt qui l'avait abritée jusque-là : nous gardera-t-on rancune de douter de la tradition ?

Pourquoi ne vous dirais-je pas que Pomaré I*er*, qui mourut à cette époque, avait une taille de six pieds, et que son bras herculéen maniait aisément un casse-tête que vous auriez de la peine à soulever du sol ? Son front était large ; on devinait une pensée sous sa chevelure noire, épaisse et flottante ; ses yeux lançaient des éclairs, sa parole semblait s'échapper d'une poitrine de bronze, et, malgré cette puissante organisation, il se distinguait par une urbanité de manières qui lui valait l'amour de ses sujets et l'admiration des étrangers.

Savez-vous d'où vient le nom de Pomaré ? le voici. Le père courait les montagnes ; dans une course, la nuit et à travers les bois, il gagna un rhume effroyable, toussa beaucoup et ne rentra chez lui qu'épuisé de fatigue et de douleur. *Maré* veut dire tousser, *Po*, la nuit ; et, chez ce peuple si original, il est d'habitude de se baptiser du nom d'une maladie ou d'un événement quelconque traversant la vie. Ainsi, le boiteux s'appelle *boiteux*, le bossu, *bossu*; l'homme qui tombe se fait appeler *homme qui tombe*.

Nous sommes en 1836. MM. Laval et Carret, pieux missionnaires, viennent à Taïti. Maltraités par les naturels qui veulent s'opposer à leurs prédications, ils en appellent à la justice de l'amiral Rosamel, pour mettre un frein aux prétentions des prédicants anglais, instigateurs des désordres dont nos prêtres avaient à se plaindre. Le ministre ordonne au capitaine Dupetit-Thouars de protéger nos nationaux et de châtier les coupables.

Une frégate française, *la Vénus*, arrive le 28 août 1838, et, le lendemain, Dupetit-Thouars demande réparation à la reine, non pas seulement la parole à la bouche, mais les boulets dans la gueule des canons... L'Angleterre était debout auprès de la reine Pomaré.

Tu écriras une lettre d'excuse au roi des Français, disait le capitaine; cette lettre, je la recevrai aujourd'hui, et, sous peu de jours, tu feras porter à ma frégate 2,000 piastres fortes, pour indemniser les missionnaires du tort que tu leur as fait. Ces ordres exécutés, tu arboreras le pavillon des trois couleurs sur ton île, et tu le salueras de vingt et un coups de canon. Signé : Dupetit-Thouars.

Le même soir, un droguiste, que je ne veux pas encore nommer, apporta lui-même la somme à bord de la frégate française, et remit au capitaine la réponse de la reine. La voici littérale :

« Taïti, le 30 août 1838.

« Au roi.

« Que la paix soit avec vous ! Voici ce que je
« désire faire savoir à Votre Majesté. J'ai été en
« erreur en m'opposant à la résidence de deux
« citoyens français. Que Votre Majesté ne soit
« pas trop fâchée pour ce que j'ai fait à leur égard.
« Que la paix soit rétablie. Je ne suis souveraine
« que d'un petit et insignifiant pays : que le sa-
« voir, la gloire et le pouvoir soient avec Votre
« Majesté ; que votre colère cesse, et pardonnez-
« moi l'erreur que j'ai commise.

« Que la paix soit avec Votre Majesté.

« *Signé :* POMARÉ.

« Au Roi des Français. »

Toutes les conditions exécutées, M. Dupetit-Thouars fit demander une audience à la reine, afin de faire accréditer, comme consul français, M. Moerenhout, d'origine belge, commerçant à Taïti.

Pomaré répondit à Dupetit-Thouars le billet suivant :

« Cher ami, que la paix soit avec toi ! J'ai
« reçu la lettre que tu m'as écrite ; je sais ce
« qu'elle contient. Ceci est ma parole à toi,
« cher capitaine : ne sois pas trop pressé pour
« notre conférence ; ce sera demain, à dix heures.
« J'ai dit.

« *Signé :* POMARÉ, REINE DE TAÏTI. »

Ici se classe un petit incident qui retentit jusqu'en Europe, et dont l'île entière s'émut pendant longtemps.

Un charpentier français, nommé Brémond, établi à Taïti depuis 1835, vivait, depuis son arrivée, avec une jeune Kanake, dont il avait eu déjà trois enfants qu'il adorait d'une tendresse vraiment paternelle, mais qu'il ne pouvait légitimer, parce qu'une loi, nouvellement promulguée, défendait tout mariage entre étrangers et Kanaks. Cette loi était si sévère que le pauvre Brémond, chaque fois qu'il était surpris auprès de sa femme, se voyait condamné à une amende de cinq piastres, au profit du trésor. Il fit entendre ses plaintes à M. Dupetit-Thouars, qui protesta contre tant de rigueur ; mais la reine tint ferme, et écrivit au roi de France la lettre qu'on va lire :

« Taïti, 8 septembre 1838.

« Cher ami, que la paix soit avec Votre Majesté, de par Jéhovah et Jésus le Messie, le prince de la paix.

« Ceci est ce que je voudrais vous dire, à vous, roi des Français; que Votre Majesté ne soit point fâchée de ce que je vais vous dire.

« C'est sur le mariage d'une femme de Taïti à un homme qui appartient à la France. Il ne m'est point agréable qu'ils se marient, parce que nous avons une loi qui défend le mariage avec les étrangers; mais cette loi n'a pas rapport aux Français seulement, mais bien à tous les étrangers de tous les pays; ils ne peuvent se marier avec les femmes de Taïti, parce que nous respectons nos lois et que nous ne voulons pas les enfreindre.

« La lettre de l'homme en question est maintenant en route; ses pensées sont adressées à Votre Majesté; mais qu'elle ne soit point trompée par ce qu'il peut dire. Ceci est la raison pour laquelle il ne peut être marié.

« S'il disait : « Lorsque je travaille pour Pomaré, on me donne la fille que j'aime, et lorsque je ne le fais pas on me l'enlève, » ceci n'est

« pas la vérité. La vérité est que la loi le défend.
« Ce n'est point parce qu'il ne travaille point
« pour moi que je m'y oppose, mais par égard
« pour la loi.

« Brémond est un homme entêté qui manque
« à la loi.

« Les liqueurs fortes sont défendues par les lois
« à Taïti ; mais il ne s'inquiète pas de la loi, il a
« acheté des liqueurs fortes ; il a été jugé et con-
« damné. Ceci est une partie de la loi : il doit
« partir et retourner en France

« Depuis, il a encore acheté des liqueurs fortes ;
« il ne veut pas se conformer aux lois ; il a été
« aussi persévérant pour son mariage ; il savait
« qu'une loi le défendait, mais il ne s'en occupait
« pas ; il savait aussi qu'une loi défendait les li-
« queurs fortes, et c'était de même.

« Puisse-t-il être agréable à Votre Majesté
« d'envoyer prendre cet homme, pour qu'il aille
« en France ; là, il pourra épouser une femme,
« et ce sera bien.

« Que la paix soit avec Votre Majesté.

« *Signé :* POMARÉ. »

Vous le voyez, la reine esclave songe à s'é-
manciper ; elle essaye de la résistance ouverte,
avant d'employer la ruse ; et, si l'on fait droit à

ses premières réclamations, soyez sûr qu'elle ne s'arrêtera pas en si beau chemin.

Elle et moi, nous avons souvent parlé des fréquentes luttes qui signalèrent l'arrivée des Européens dans ses États, et il me fut aisé de comprendre qu'elle ne nous regarderait jamais comme ses vrais amis.

C'est que sa vie de jeune fille n'avait pas connu d'obstacles; c'est que, sous le ciel brûlant de son île, les passions du cœur germent à un âge où chez nous on ne les soupçonne même pas; c'est qu'à Taïti, comme aux Marquises, il n'y a, pour ainsi dire, qu'un jour entre le berceau et la jeunesse; c'est que, partout où le mot *pudeur* n'est point connu, le scandale n'existe pas, et que rien n'est mystérieux dans une case ouverte à tous les passants comme à toutes les brises.

Pomaré avait trouvé les mœurs de son pays ainsi faites; elle se serait crue folle de les modifier; elle cherchait, au contraire, à y façonner les nouveaux venus; et vous verrez, en écoutant la suite de mes confidences, comment elle explique l'excentricité de cette philosophie naturelle, contre laquelle les voyageurs ont lancé tant d'anathèmes.

Vous comprenez que le roi de France ne devait pas accepter les quasi-conditions imposées par la reine : la morale, la nôtre, s'y opposait essentiellement; aussi Brémond épousa-t-il sa belle Taïtienne qui, soit dit entre nous, était fort laide.

Une loi, corrigeant la première, fut promulguée en conséquence de ce mariage, et l'honneur de Pomaré se trouva ainsi sauvegardé par elle-même.

Cependant, *la Vénus* se disposait à partir, lorsque son commandant, qui avait étudié avec soin les mœurs de Pomaré et de ses sujets, vit arriver, le 9 octobre 1838, toutes voiles dehors, *l'Astrolabe* et *la Zélée*, sous les ordres de Dumont-Durville qui venait de quitter Mangareva.

Ce capitaine, dont les allures abruptes ne voulaient pas de demi-moyens, fit entendre de sévères paroles à la reine, menaça les chefs du bronze européen, et imposa des conditions qui devaient assurer à tout jamais la tranquillité des Français à Papéété.

Dans son entrevue avec la reine, Dumont-Durville lui dit ces paroles, gardées encore dans les registres de l'île :

« J'ai appris à Mangareva les mauvais traite-
« ments qui ont été infligés aux missionnaires
« français par ordre de la reine de Taïti; j'ai
« cru devoir me déranger de ma route, pour
« venir demander l'explication d'une conduite si

« blâmable et en obtenir satisfaction, s'il y a
« lieu. J'en ai été d'autant plus surpris que j'a-
« vais vu la jeune Aïmata quinze ans auparavant,
« et que nous autres Français nous l'avons toujours
« bien traitée, ainsi que toute sa famille. Je sais
« que cette malheureuse affaire a été entièrement
« arrangée par le commandant de *la Vénus*. Il
« est dès lors inutile d'y revenir, mais j'espère
« que dorénavant la reine tiendra ses promesses,
« et s'abstiendra de tout mauvais traitement en-
« vers les Français. »

A ce discours, dont la rudesse ne dut pas plaire à Pomaré, le premier chef de l'île dit quelques paroles vagues dont le commandant de *l'Astrolabe* ne sembla pas satisfait, et auxquelles il répliqua d'une voix énergique que la reine était libre dans ses États, et que personne au monde, pas même le roi des Français, ne pouvait lui demander de changer de religion ; qu'aussi elle aurait eu raison si elle se fût contentée de défendre aux missionnaires français tout signe public de leur culte ; mais les traitements cruels infligés à deux Français étaient tels, qu'on ne pouvait se dispenser d'en demander raison. Il ajouta, d'une voix plus brève encore, que la reine Pomaré devait s'estimer très-heureuse de se tirer à si bon marché de la position fâcheuse qu'elle s'était faite vis-à-vis de la France ;

qu'il espérait que la paix était cimentée pour toujours entre la France et Taïti, mais qu'au besoin des vaisseaux de la station d'Amérique seraient toujours prêts à tirer vengeance de nouvelles infractions au droit des gens.

Ces graves paroles furent rendues fidèlement par M. Henry, fils du missionnaire de ce nom, qui remplissait les fonctions d'interprète.

Des larmes de colère s'échappèrent des yeux de Pomaré, qui se sentait trop faible pour répondre à une menace par une menace ; mais elle se réserva l'avenir, et je ne crois pas que nous soyons jamais les bienvenus dans ses États.

Pendant que la reine s'agitait dans son impuissance, un homme, un apothicaire, un droguiste, un prédicant, faisait tomber de la chaire apostolique des paroles de haine et de réprobation contre nous. Dans son amour désordonné des choses de la terre, il voulait délester ses magasins des étoffes qu'on lui avait expédiées d'Europe ; et dans le temple même où il n'aurait dû être question que de Dieu, il prêchait l'achat de ses marchandises, dont il voulait à prix d'or couvrir les épaules et les flancs des Taïtiennes.

Dumont-Durville eut une entrevue avec cet intrigant, qu'on aurait dû peut-être jeter de vive force sur un brick et l'expédier en Europe comme un baril de salaison ; mais on ne voulut pas trop déplaire à Pomaré, dont le misérable était le favori, et les persécutions dirigées contre nous ne se ralentirent point.

Cependant *l'Astrolabe* et *la Zélée* prirent le large, Dupetit-Thouars et *la Vénus* piquèrent sur le Port Jackson, et là encore de nouvelles récriminations eurent lieu entre notre brave commandant et le gouverneur de la Nouvelle-Galles du Sud... Des bruits de guerre vibraient déjà depuis la flèche du grand mât jusqu'à fond de cale, et le droguiste de Taïti, d'accord avec Pomaré, ne demandait pas mieux qu'on tirât le premier coup de canon.

Prévoyant les hostilités qu'elle avait provoquées, et bien convaincue qu'elle ne pouvait trouver son salut que dans une autre protection, la reine de Taïti écrivit à la reine de la Grande-Bretagne la lettre qui suit, et que nous avons sous la main.

LA REINE POMARÉ ET LES CHEFS DE TAÏTI
A LA REINE VICTORIA.

« Taïti, le 8 novembre 1838.

« Salut, compliment et amitié à la puissante
« reine de l'Angleterre. Moi, la reine Pomaré,
« avec les chefs et les représentants de mon peu-
« ple, nous sommes assemblés ce jour comme un

« seul corps et une seule âme, pour vous mani-
« fester avec le plus grand plaisir les sentiments
« de gratitude que nous a inspirés votre sympa-
« thie constante et chrétienne.

« En agissant ainsi, non-seulement nous rem-
« plissons un devoir à nous transmis par une
« génération presque éteinte, mais, accoutumés
« dès l'enfance à chérir le nom anglais, nous sui-
« vons l'impulsion de notre cœur. Depuis que le
« premier Anglais a touché nos bords sur un de
« vos vaisseaux, nous avons rendu grâce à votre
« peuple comme à la seule nation qui nous ait
« montré un cœur chrétien; puissiez-vous au-
« jourd'hui nous prêter une main chrétienne !

« Les bénédictions de votre religion, que vous
« nous avez appris à connaître, nous ont ouvert
« deux nouveaux mondes jusqu'ici inconnus à
« notre pauvre peuple.

« Avec l'assistance de Jésus-Christ et le soin
« paternel des missionnaires, nous pouvons es-
« pérer faire notre salut dans l'un de ces mondes ;
« mais l'autre, dans lequel la civilisation nous
« conduit, commence à remplir notre vie d'amer-
« tume, et bientôt, sans doute, nous privera
« même des tombeaux de nos ancêtres, si nous
« sommes abandonnés à nos propres ressources.

« Le commerce et l'industrie, que la civilisa-
« tion attire dans nos îles, nous mettent journel-

« lement en relation avec le peuple blanc, supé-
« rieur à nous par l'esprit et le corps, et à qui
« nos institutions paraissent folles et notre gou-
« vernement faible. Avec ce que notre pauvre
« expérience nous inspirait, nous avons fait tous
« nos efforts pour obvier à ces difficultés; mais
« si nous avons réussi à décréter des lois, nous
« ne pouvons parvenir à leur donner la force né-
« cessaire.

« Ainsi, dans l'impossibilité où nous sommes
« d'être forts et respectés, nous sommes menacés
« dans tout ce que nous avons de plus cher
« au cœur, la foi protestante et notre nationa-
« lité.

« Nous n'avons personne pour nous soutenir
« dans notre triste situation, excepté vous, qui
« avez mis dans nos cœurs l'amour de Jéhovah,
« l'amour de l'ordre et de l'industrie. Ne laissez
« point périr ces bonnes semences, ne laissez pas
« inachevé ce que vous avez commencé et qui
« progresse si heureusement; prêtez-nous votre
« main puissante; prenez-nous sous votre pro-
« tection; que votre pavillon nous couvre, et
« que votre lion nous défende; déterminez vous-
« même la manière dont nous devons nous abriter
« légalement sous vos ailes; faites que nos en-
« fants vous bénissent comme nous le faisons.
« Puisse le grand Jéhovah veiller sur vous et

« vous récompenser pour tout ce que vous faites
« en notre faveur !

« La paix soit avec vous, reine de la Grande-
« Bretagne !

« *Signé :* REINE POMARÉ.

« *P. S.* Si ce qui précède ne pouvait être compris par vous, nous nous référons au capitaine Elliot, commandant du *Fly*. Il est au courant de tout ce qui se passe ici, et vous donnera tous les renseignements nécessaires. »

Vous le voyez, ce n'est pas nous que la reine voulait pour protecteurs, mais bien la nation anglaise, en qui seule elle avait foi. La droiture n'a pas toujours raison contre la ruse, et les perfides insinuations du droguiste l'emportèrent sur notre loyauté. C'est que le cœur jouait peut-être ici un rôle que la tête n'osait approuver ; c'est que la reine et la femme se trouvaient, disait-on, d'accord dans la lutte engagée entre la France et l'Angleterre.

Le capitaine Elliot ne manqua point à sa mission ; Anglais avant tout, il dit aux journaux de son pays la position occupée par nous dans le Pacifique, et les feuilles de Londres commencèrent leurs récriminations.

Le commandant Cecil vint mouiller à Papéété,

alors que nous n'avions plus aucun navire sur rade; il se fit l'écho des procédés très-peu parlementaires dont le gouverneur de la Nouvelle-Galles du Sud cherchait à humilier notre marine.

Pomaré se sentit ferme de l'appui qui lui était donné, le droguiste missionnaire s'en glorifia comme d'une conquête, et les Français établis à Taïti se trouvèrent de nouveau dans une position fort précaire.

Mais les arrivages français se succédèrent bientôt et rendirent à nos nationaux l'espérance qu'ils avaient perdue. M. Laplace, commandant de l'*Artémise*, et M. Bernard, capitaine du *Pylade*, arrivèrent à Taïti. Le missionnaire, cause principale de la désaffection de la reine, partit à cette époque pour l'Angleterre, où ses intrigues recommencèrent avec plus d'énergie que jamais.

La reine vit bien que nous n'étions pas disposés à céder le champ libre à nos ennemis; elle eut à choisir entre eux et nous, et, veuve de son séide, elle demanda officiellement notre protectorat.

Un nom, doux à tracer, descend de notre plume et colore nos pages : c'est celui de l'intrépide du Bouzet, qui s'embosse en face du palais de la reine et demande impérieusement la punition des agents de police qui ont osé insulter à nos nationaux. Du Bouzet est entendu et les

Français respirent à l'aise au milieu de leurs ennemis abattus.

Nous sommes en mai 1842 ; on nous cède Noukahiva ; ce sauvage archipel nous appartient désormais, et si nous avons des représailles à exercer, en six jours nos navires viendront mouiller à Papéété.

Nous n'avons pas mission d'écrire l'histoire détaillée des troubles qui éclatèrent alors entre l'intrépide Dupetit-Thouars, Bruat, qui a laissé ici de si glorieux souvenirs, et les chefs de Taïti, dominés toujours par la reine.

Nous en avons fini avec la jeune fille, avec la femme et la reine d'autrefois, et cependant nous ne vous avons presque rien dit de ce qu'elle appelait alors ses joies, ses délassements, sa vie.

Est-elle bien coupable, celle qui ne sait pas l'être?

Non, certes. Pomaré s'élançait dans les flots et allait visiter les navires mouillés sur sa rade ; elle s'emparait joyeusement du bras d'un officier ou d'un matelot, le conduisait dans sa case, le conviait à ses repas, lui offrait la meilleure part de ses bananes, de ses oranges et de ses nattes, sans croire offenser son Dieu, et nous cherchons en vain dans notre mémoire le nom d'un seul capitaine anglais ou français, celui d'un seul étranger espagnol ou américain qui lui ait reproché sa courtoisie taïtienne.

Jetez la pierre à Pomaré, vous qui n'avez pas quitté votre Europe si vertueuse : mais nous, que la passion de l'étude a poussé à travers les océans, nous absolvons Pomaré.

Maintenant, Pomaré va au temple emmaillottée dans une robe ignoble qu'elle appelle *tapas*; elle y va pieds nus, entourée de ses fidèles; elle prie, elle récite la Bible, qu'elle sait depuis le premier mot jusqu'au dernier... Est-elle plus heureuse ?

LA REINE POMARÉ.

— Ses qualités. — Ses défauts. — Elle est esclave et cependant elle commande. — Elle est adorée de ses sujets. M. Bonard. — La reine m'attend. — Sa main fait ma conquête. — La reine me baptise Matapo, c'est-à-dire : Nuit dans les yeux. — Sa cour. — Sa conversation. — Son mari. — Elle est charmante. — J'escamote devant la reine. — Un joli mot. — Combien on s'est trompé dans les portraits qu'on a faits de Pomaré. — Nouveaux entretiens intimes. — Qui a bu boira. — J'aime Pomaré. — Le Kanak ne cessera jamais d'être Kanak. — Nous ne savons pas coloniser. — Partout les Anglais se font la part du lion. — Pomaré est *tabou*, même pour son mari, le dimanche. — Le marchand de pilules Pritchard. — Mon autographe pour ce droguiste. — J'interroge la reine. — Son sujet. — Dernière entrevue. —

Pomaré est esclave, et Pomaré commande, n'en doutez pas. Vous avez détrôné la reine, vous n'avez pas détrôné la femme.

Pomaré, qui n'a qu'une case à côté de votre palais, est plus forte que vous, et l'amour de ses sujets fait sa puissance. M. Bonard me le disait encore hier : Cette femme est vraiment souveraine ; commandez aux Kanaks un ouvrage utile à la colonie, ils vous promettent d'obéir ; mais, sur un geste, sur un regard de leur reine, leurs bras seront enchaînés ; ils ne quitteront pas leurs cases, et se riront de vos menaces comme de vos prières.

Elle parle peu, elle écoute beaucoup, elle tutoie tout le monde, tout le monde la tutoie : grands et petits, hommes et femmes, étrangers ou Kanaks ; et cependant, je vous défie de ne pas la respecter. On ne la connait pas en Europe : il faut l'avoir vue, il faut l'avoir entendue pour la juger.

On arrive ici attristé des premières années de Pomaré ; puis on se repose dans un sentiment de douce tendresse pour la femme énergique et fière qui, déshéritée de sa puissance, n'a rien perdu de sa dignité.

Vous ne croiriez jamais, sans en avoir été souvent témoin, combien il y a de respect pour elle dans le langage et le maintien de ceux de ses serviteurs qui lui adressent la parole. *Votre Hautesse*, *Votre Éminence*, *Votre Grandeur*, *Votre Majesté*, me semblent insolents à côté de ce tutoiement naïf imprégné de soumission et de tendresse :

— Pomaré, veux-tu des bananes? veux-tu un éventail ?

— Prends mes cigarettes; Pomaré, en veux-tu?

— Pomaré, veux-tu aller te baigner? viens, que je t'accompagne.

Tout cela est filial, et vous touche jusqu'au fond de l'âme; tout cela vous fait aimer la femme avant la reine.

La reine m'attendait avant-hier, elle m'attendait hier, elle m'attendait encore ce matin; étonnez-vous donc si je maudis les averses tropicales qui, depuis trois jours, pèsent sur l'île attristée. Pomaré m'a fait dire qu'elle ne voulait pas m'exposer au courroux du ciel, et qu'elle me garderait plus longtemps au premier rayon de soleil. Figurez-vous si mon impatience est grande! Le lendemain même de mon arrivée, je reçus un billet amical de M. Bonard. « Venez me voir ce « matin, la reine m'a fait dire qu'elle vous rece- « vrait après votre déjeuner. » Nous étions à peine levés de table, qu'un domestique annonça la reine. Nous courûmes; elle nous rencontra sur le seuil du vestibule. Le gouverneur me dit qu'elle me présentait la main, et, flatterie à part, je crus à un piége : main petite, main d'enfant, mignonne, allongée, douce au toucher, main de bonne maison, élégante, souple et bien attachée. Les aveugles voient ces choses aussi vite que vous avec le regard. La main de Pomaré venait d'achever une conquête.

— Je n'ai pas voulu, me dit-elle, que tu fisses une course inutile; j'avais promis à une de mes amies une visite pour ce matin. Viens quand tu le désireras, je serai heureuse de te recevoir.

Confus de tant de bonté, je lui en adressai mes plus vifs remerciments, et je m'inclinai avec respect.

— Je te plains, ajouta-t-elle d'une voix touchante, d'avoir tant de nuit dans les yeux ; espère que le jour te reviendra.

La reine m'avait appelé Matapo, c'est-à-dire nuit dans les yeux, et depuis ce moment, c'est ainsi qu'on me nomme à Papéété.

Je sors de chez la reine. J'y retournerai bientôt . . . .
. . . .

Me voici de retour encore de chez Pomaré. C'est phénoménal ! Je ne croyais pas à un esprit si supérieur, à une intelligence si élevée, à une si douce philosophie. Je n'ai rien oublié, je n'oublierai rien ; mais la grâce si parfaite de cette femme, le son de sa voix caressante, ses pressions de main fraternelles, le recueillement pieux de tous ces hommes accroupis, de toutes ces femmes agenouillées, comment donc les faire comprendre ?... Écrivons.

J'étais assis à ses côtés sur un meuble très-peu élastique, et dominant une Cour composée d'une vingtaine de personnes bruyantes et recueillies par intervalles.

Un interprète me disait les paroles de la reine ;

je répondais ou j'interrogeais en français, en m'aidant à dessein de quelques syllabes kanakes. Je l'entendais rire ! ses officiers riaient avec elle, et je me sentais heureux des leçons de prononciation qu'ils me donnaient à l'envi. Plus j'étais loin de l'intonation, plus la joie de ces grands petits enfants devenait bruyante, et je vous demande si je mettais de la maladresse, ou plutôt de l'adresse, à torturer l'idiome taïtien ! Décidément, toutes les cours sont corruptrices. J'étais devenu flatteur ; mais comme il n'en coûtait rien à ma dignité, je poursuivis mon rôle jusqu'au bout.

— Puisque le ciel t'a frappé d'un si grand malheur, me dit la reine après que je fus assis, pourquoi voyages-tu encore ?

— Pour changer de pays ; quand on me parle des objets qui passent devant mes yeux, il me semble que je les vois.

— Tu connais donc nos cocotiers, nos bananiers, nos cases ?

— Je connais tout cela, Pomaré, je connais toutes les richesses de ton climat ; il me semble que je les touche quand tu m'en parles.

— Tu avais donc voyagé déjà ?

— J'ai fait le tour du monde.

— Raison de plus pour te reposer, et si tu n'étais pas chez moi, je te gronderais plus fort.

— Va, gronde-moi, Pomaré.

— Pourquoi? Matapo.

— Parce que tu me parles, et que j'aime à t'entendre.

— Je donnerais beaucoup pour que tu pusses me voir.

- Coquette!

— Si tu me voyais, tu changerais de langage... Tiens, le jour où le gouverneur t'a présenté à moi, je suis rentrée vite, et j'ai volontairement fermé les yeux pour m'habituer à la nuit.

— Que tu es bonne, Pomaré!

— M. Bonard m'a dit que tu avais un frère, un grand frère, qui lit dans les astres comme nous dans un livre.

— Il t'a dit vrai, Pomaré. Me parler de mon frère, c'est me consoler; je suis fier de lui, comme tu es fière, toi, de l'amour de tes sujets. Je lui ai caché mon départ jusqu'au moment où il ne m'a plus été possible de reculer; sans cela, tu ne m'aurais pas vu ici, près de toi.

— A la bonne heure; quand tu lui écriras, lui parleras-tu de moi?

— Est-ce que tu en doutes?

— Non. Que lui diras-tu?

— Que tu es bien curieuse et bien coquette.

— Tu parles du passé, répliqua Pomaré en me donnant une petite claque sur la joue;

mais si tu me voyais, je te ferais peur peut-être.

— Cela n'est pas vrai. Je te bâtis dans ma pensée; si tu n'es pas si jolie qu'autrefois, tu es plus belle.

— Que vaut-il mieux ?

— Pour l'aveugle, tu gagnes infiniment à n'être plus si jolie. Je ne vois qu'avec les doigts.

— Mais tu ne m'as pas regardée.

Je fus abasourdi...

Je m'enfermai quelques instants dans mes réflexions plus ou moins sérieuses, et je me promis bien, tôt ou tard, de m'assurer de la vérité des rapports qui m'avaient été faits.

— A quoi penses-tu? me demanda Pomaré d'un ton rapide qui me défendait la réflexion. Tes pensées sont-elles tristes ou joyeuses?

— Elles sont vagues, Pomaré, je ne m'y arrête pas; et, à mon tour, je te demanderai la permission de t'interroger.

— J'écoute, me dit la reine en s'accoudant sur mon épaule.

— Et moi je commence. Crois-tu toujours à la sincérité de l'affection que les Anglais disent t'avoir vouée ?

— Le doute arrive.

— Crois-tu à la loyauté de la nôtre?

— Le doute s'en va.

— Et cependant, on me l'a dit, méchante! tu

te fais gloire de ne pas étudier notre langue?

— Je fais tous mes efforts pour désapprendre l'anglais. J'aurai peut-être aussi, plus tard, à oublier *ton parler*.

— Est-ce que tu as à te plaindre de M. Lavaud?

— Je crois que nous allons avoir encore de la pluie, me dit la reine en s'éloignant de mon fauteuil.

— Tu n'aimes donc pas notre ancien gouverneur, qui vient de partir?

— La cascade doit être magnifique aujourd'hui.

— Je suis fixé. Si je te demande avec quels sentiments tu as appris le retour de M. Bonard, me donneras-tu aussi des nouvelles de la cascade?

— Non, je sais qu'elle se porte à merveille, je ne m'en inquiéterai pas. Nous regardons M. Bonard comme un ami sincère, et sa parole me touche.

En ce moment se présenta le mari de la reine (elle n'a qu'un mari). Pomaré lui dit deux mots; il vint à moi avec empressement, me serra la main, et, s'asseyant à mes côtés : Iaorana, iaorana Matapo, me dit-il d'un ton de voix caressant; puis, se tournant vers la reine, il me sembla qu'il lui parlait avec colère, et j'entendais venir souvent le nom de M. Bonard dans le récit.

Tandis qu'avait lieu ce débat conjugal, je complétais mes notes, afin de ne rien oublier, et j'étais heureux de l'enthousiasme qu'excitait sur les Kanaks présents l'instrument si simple, si utile, à l'aide duquel je garde tous mes souvenirs. Puis, ma besogne achevée, je me levai.

— Je t'attends demain, me dit la reine, je ne suis pas heureuse aujourd'hui ; reviens demain.

LE LENDEMAIN.

— Iaorana, Pomaré.

— Iaorana, Matapo ; le ciel *ne pleure pas* ce matin, rions comme lui.

— Est-ce que l'on rit, est-ce que l'on pleure à volonté ? On nous afflige souvent au milieu de notre joie, au moment où nous nous y attendons le moins ; et avant-hier, il me semble que je t'ai laissée irritée ou fort affligée d'un événement imprévu.

— Ah çà ! tu vois donc !

— Oui, presque tout ce qui intéresse ceux que j'aime.

— Pourquoi m'aimes-tu ?

— D'abord parce que tu es femme, ensuite parce que tu as souffert.

— Merci, Matapo.

Ce mot, merci, la reine le prononça en français, car il n'est pas dans le dictionnaire kanak.

Vous avez faim, vous entrez dans une case; vous allez au garde-manger, il y a là des bananes, des mayorés, des oranges; vous en prenez, vous vous rassasiez, et, quand votre appétit est satisfait, vous vous en allez en prononçant le mot *iaorana* que vous avez dit en entrant. Si ce n'est pas là une religion de paix et de fraternité, je ne sais où on la trouverait...

Il n'y avait que des femmes dans l'appartement de la reine, je me trouvais donc tout à fait à mon aise, car elles se montraient bienveillantes jusqu'à la familiarité la plus complète, excepté l'une d'elles, madame Salmon, cousine de la reine, mariée à un Anglais, et beaucoup plus réservée que ses compagnes. Belle encore, madame Salmon est l'une des plus magnifiques personnes de l'archipel; la bonté de son caractère la rend chère aux Kanaks et aux étrangers qui ont le bonheur de la connaître.

— Dis-moi, Pomaré, pourquoi ne t'appelles-tu plus Aïmata, comme lorsque tu étais jeune fille?

— Parce que la jeune fille change de nom quand elle prend un mari.

— Mais ton mari ne s'appelle pas Pomaré.

— C'est vrai ; chez nous, en naissant, nous recevons un nom ; plus tard, à dix ans ou à peu près, pour les filles, nous en recevons un autre ; lorsque nous nous marions, nous en prenons un troisième.

— Cela me paraît inutile et embarrassant ; car enfin, si je demande des nouvelles d'Aïmata, sais-je si Pomaré me répondra ?

— J'en conviens, mais je ne veux pas changer l'usage établi.

— Ainsi donc la fille ou le fils ne prend jamais le nom du père ?

— Ni celui de la mère, je te l'ai dit, ni celui de son époux.

— Et cependant, voilà près de moi madame Salmon.

— Oh ! elle, c'est différent ; elle vous appartient ; elle est mariée comme on le fait en Angleterre ; nous ne la traitons plus en *Kanake*, l'ingrate qu'elle est.

— Kanake ou Anglaise, je t'aimerai toujours comme une sœur, répliqua madame Salmon en allant embrasser la reine.

— Tu le vois, me dit Pomaré, je suis sans cesse au milieu de ma famille.

Je crus remarquer que mes questions et les réponses qui m'étaient faites n'amusaient pas beaucoup les femmes de Pomaré. Aussi, en appelant à la dextérité de mes doigts et feignant une maladresse, je laissai tomber une pièce de cinq francs; toutes les femmes s'élançant pour me la rendre, je leur fis signe de ne pas bouger, et, en un tour de main, la pièce fut escamotée.

Un cri d'effroi retentit.

— Répète-nous ce *mensonge*, me dit la reine d'une voix émue.

— Volontiers.

La pièce disparut encore, se retrouva, puis s'en alla de nouveau, pour revenir seule ou en compagnie, selon ma volonté. Le cercle s'était singulièrement agrandi : les femmes n'osaient plus s'approcher de moi, et me regardaient avec une respectueuse terreur : j'avais beau tendre la main, nulle n'osait venir à moi : on devait se brûler au contact.

— Qui donc t'a appris ce mensonge ? me demanda la reine, plus épouvantée que ses compagnes.

— Peu importe, lui répondis-je, mais si tu veux en savoir autant que moi, tu n'as qu'à dire.

— Je dis.

Bientôt le secret n'en fut plus un; mais la terreur reprit son empire, lorsque, m'emparant d'un jeu de cartes, je substituai un as de pique à un valet de carreau ou un neuf de cœur à un roi de trèfle; mais quel mouvement fébrile se fit sentir dans toute l'assemblée, quand, saisissant un couteau, je proposai gravement de trancher la tête à l'une des femmes de la reine et de la replacer immédiatement saine et sauve sur ses épaules ! Pomaré me pria de n'en rien faire, ce qui m'épargna l'aveu de mon incapacité. Mais je ne convainquis ici, comme je l'avais fait ailleurs en d'autres temps, que le merveilleux est du goût de tous les peuples primitifs, et qu'ils acceptent volontiers ce qu'ils ne peuvent comprendre.

Au reste, je vis avec bonheur mes Kanaks éprouver une frayeur dangereuse pour celui qui la faisait naître ; et je compris que les douces émotions devaient se faire jour chez eux bien plus aisément que celles nées de l'effroi chez d'autres peuples.

Les femmes de Taïti ne veulent ni gants à leurs mains, ni souliers à leurs pieds, ni voile à leur figure, ni corset à leur taille. Un soleil presque toujours vertical leur dit le malheur de tout emprisonnement ; et courant avec la brise ou le flot, elles changent d'élément sans changer de nature, à l'exemple des femmes d'Europe qui changent d'affection plus encore que celles-ci ne varient leur *pareo*; et, à propos de pareo, il faut bien que vous sachiez que, depuis Lavaud surtout, nulle femme n'est complétement nue ; elles voilent leurs épaules d'une espèce de sac en mousseline, laissant à peu près la gorge à l'air et permettant au paréo de serrer les flancs et de descendre jusqu'à la cheville. En deux minutes, la femme est vêtue. Les hommes, à la ville surtout, ont adopté le pantalon ; ils sont magnifiques vraiment, ces grands gaillards, lorsque, outre ce vêtement protecteur, un habit plus ou moins étriqué emprisonne leurs muscles pleins de sève. Jamais président de chambre ne traversa la salle des Pas-Perdus avec une plus imposante dignité que celle dont se drapent, en leurs jours de parade, les Taïtiens crésus, dans leur elbeuf fripé. Quand un de ces flâneurs passe devant moi, et que mon guide me peint son costume, je ne puis m'empêcher de me souvenir de ce chef magnifique de Rhadama qui vint un jour nous saluer à bord, paré seulement d'un gilet rouge galonné, d'un chapeau tricorne à plumes, d'une botte et d'un hausse-col.

Pourquoi ces réflexions, dans un des salons de la reine Pomaré? C'est qu'un de ses officiers est entré depuis un moment, et qu'au lieu de me donner la main avec une bonhomie toute cordiale, il m'a fait vaniteusement toucher les pans de son habit et les boutons dorés de son gilet. Je te remercie, Moharé, de ne pas m'avoir fait également toucher tes bretelles, car je sais que tu en portes et que tu acceptes avec bonheur tous nos ridicules usages.

Pomaré, comprenant à merveille les stupides prétentions de Moharé, lui dit tout bas à l'oreille quelques-unes de ces bonnes paroles qui changent une mauvaise résolution, et l'officier s'approcha de nouveau de moi pour me serrer affectueusement la main.

Comme le chef habillé me parut très-fâché de ne pas avoir assisté à une séance de prestidigitation, je lui en donnai quelques avant-goûts par deux ou trois tours assez curieux, et la reine, reconnaissante de ma politesse, me fit accepter deux couronnes de pia; l'une, tressée par elle; l'autre, par madame Salmon, qui fume la cigarette à l'égal de nos lions les plus rugissants : seulement la lionne de Taïti est exempte de préjugés, et je l'aime avant tout, parce que, quoique à demi Anglaise, elle chérit la reine, qui lui rend affection pour affection.

— Est-ce que tu reviendras encore? me dit Pomaré, qui me vit disposé à sortir.

— Puisque je ne quitte pas ton île, et à moins que tu ne le défendes, je reviendrai.

— Tant mieux; je te préviens que je ne serai jamais tabou pour toi. Iaorana, Matapo.

— Iaorana, Pomaré.

Chacune des femmes de la reine me présenta

sa main à serrer ; quelles mains que ces mains taïtiennes ! on ne peut recevoir d'elles qu'une moitié de caresse, une moitié de soufflet. Celles de Pomaré sont des plus mignonnes et des plus douces : on en rêve malgré soi. . . . . . .
. . . .

Le 28 avril 1850.

— Iaorana, Pomaré !

— Iaorana, Matapo !

— Nous sommes presque seuls ; je te préviens que si tu me parles de mon passé, je te parlerai du tien.

— Crois-tu donc que j'en doive rougir ?

— Je ne le sais que très-imparfaitement, et si tu voulais me le faire connaître, je t'en aurais la gratitude la plus vive. L'histoire d'une femme comme toi, Pomaré, c'est souvent l'histoire de tout un pays. Me veux-tu pour confident ?

— Toi plutôt qu'un autre ; grâce à vous, j'ai appris à rougir de choses dont autrefois j'aurais tiré vanité, et je sais que mon Tayo-Matapo ne voit pas les couleurs. Mais pourquoi tiens-tu si fort à savoir ce que fut mon passé ? Ce qui est mort est bien mort.

Plus j'étudie cette femme, plus elle me subjugue, et pourtant je ne la vois pas.

— Si je t'interroge avec un si puissant intérêt,

Pomaré, lui dis-je, c'est qu'on écrit chez nous tant de sottises sur toi, que je regarde comme un devoir de donner le plus énergique démenti à toutes ces calomnies. Tu peux te décider, un jour, à venir en France : tu as tant d'idées dans la tête... et je veux que tu y sois considérée comme tu mérites de l'être.

— Je n'irai jamais en France, me répondit Pomaré d'un air grave et fier; mes Kanaks me sont si sincèrement attachés qu'ils se jetteraient tous à la nage pour me suivre... N'importe, je t'accepte comme défenseur, *et je viens t'ouvrir les portes de toute ma vie.*

Je traduis littéralement :

— Dis-moi, reine, à quel âge as-tu commencé à penser?

— La réponse est difficile; les pensées naissent comme les feuilles des arbres, *les unes après les autres.*

— A quel âge les arbres commencent-ils à aimer?

— En naissant, ils aiment le soleil, la lumière, l'eau, le vent, ils aiment tout ce dont ils vivent. J'étais, je suis encore un peu comme les arbres de nos forêts.

— Est-ce que tu es bien sûre de te faire comprendre?

— Je ne m'expliquerai pas autrement.

— Alors, je t'ai bien comprise. Arbre Pomaré, te rappelles-tu le jour de la naissance de ta première feuille?

— Tant d'autres ont poussé depuis que ma mémoire me fait défaut. Sais-tu ce qui m'a désappris à me rappeler? c'est le désir de savoir; et voilà pourquoi ma porte ne sera jamais fermée pour toi : celui qui marche vite devant lui a-t-il le temps de regretter le chemin qu'il a parcouru?

N'oubliez pas que le crayon est dans mes doigts, et que j'écris lorsque Pomaré dicte; c'est la femme sauvage qui instruit l'homme civilisé.

— Puisque tu étais heureuse à la première feuille, pourquoi as-tu jamais permis à d'autres de croître?

— J'ai subi ma destinée : votre Europe s'était ruée sur moi, et si j'avais résisté, il y aurait eu bien du sang versé dans l'île. Il est dans la nature du cocotier d'avoir des cocos, dans celle du bananier et du goyavier d'avoir des bananes et des goyaves; il est dans la nature de la femme de ces climats d'avoir des feuilles... Qu'on nous donne un autre soleil si on veut nous métamorphoser.

« Au surplus, me dit la reine avec une certaine irritation dans la voix, ce sont ceux-là mêmes qui prétendaient nous régénérer qui, dans l'ombre, cherchaient à nous voir parées de toutes nos feuilles; ils voulaient toujours, ils voulaient sans relâche; nous étions peu façonnées à la résistance, mes femmes suivirent mon exemple, et vous voyez qu'aujourd'hui Taïti la nouvelle et Taïti l'ancienne se ressemblent comme deux sœurs.

— Oui, Pomaré, plus les pareo, les tapas de soie et les pièces de cinq francs.

— C'est vous seuls qui êtes coupables. La coquetterie des femmes, remarque bien que je ne dis pas leur pudeur, ce mot-là n'est pas encore dans notre langue, c'est vous qui nous l'avez apprise.

— Tu dis que le mot *pudeur* n'est pas dans votre langue, il y sera plus tard.

— Ne t'en flatte pas : mon archipel sera toujours à six mille lieues de ton pays.

— Nous les rapprocherons.

— Est-ce un vœu, est-ce une menace, Matapo?

— C'est un désir bien vif de nous voir frères.

— Je ne serai jamais ta sœur.

— Je te comprends, Pomaré : notre domination te fatigue, tout ce qui s'impose irrite et pèse; il y a des haines préférables à bien des amitiés. Mais nous touchons une corde douloureuse, Pomaré, changeons de conversation.

— Je ne demande pas mieux.

— Parlons de ce que tu voudras, de ton joyeux passé.

— Je croyais avoir tout dit; peu de paroles disent souvent bien des choses.

— As-tu jamais été jalouse de l'homme que tu aimais?

— Puisque je l'aimais.

— C'est vrai, ma question ne signifie rien.

— C'est que tu voulais m'en adresser une autre.

— Eh bien! je me risque : as-tu été jalouse bien des fois?

— Il paraît que tu as oublié les feuilles des arbres; je croyais avoir été comprise, et mon aveu ne coûte rien à ma dignité. Celui-là seul fait le mal qui croit le faire. J'aime autant que par le passé, mais avec plus de calme; il me semble que je ne saurais plus m'irriter.

— C'est que tu domines ton mari, et que tu es sûre de sa tendresse. Qui oserait te disputer sa conquête?

— Celle qui l'aimerait.

— Si tu le savais, que ferais-tu?

— Je ferais comme si je ne le savais pas.

— Pour mieux voir, sans doute?

— Non, pour guérir le malade; il y a une double honte à tromper la confiance et l'amitié.

— Tu es une noble femme, Pomaré. Je dirai

toutes ces choses à mon pays, afin qu'on les sache bien, qu'on les répète et que tu sois vénérée comme tu mérites de l'être.

— Sais-tu à quoi je pense quelquefois, Matapo ?

— A quoi, Pomaré ?

— A te confier une ou deux de mes jeunes parentes pour les conduire à Paris.

— Ceci peut se réaliser. Sont-ce des arbres avec des feuilles ?

— Juges-en : l'une a douze ans à peine ; l'autre, plus âgée, en a onze.

— Ne te trompes-tu pas ?

— Je dis ce que je veux dire ; la plus jeune est bien vieille, bien instruite ; elle rajeunira là-bas.

— J'aime mieux que tu les donnes à un autre conducteur.

— Nous en reparlerons, Matapo.

On vint prévenir la reine que son dîner était servi. Je lui dis *iaorana*. Nous nous serrâmes la main, et nous nous quittâmes, sans ajouter au revoir. Tous deux, nous nous comprenions à merveille.

Ai-je bien traduit mes pensées ? Commencé-je à faire comprendre Pomaré la reine ? Je crains le contraire.

Je ne vais pas voir la reine aujourd'hui ; mais

l'on bat le rappel dans la cour du gouvernement, et je vois accourir en toute hâte les soldats kanaks qui se placent, silencieux, sur deux lignes et se courbent effrayés. Pomaré s'avance d'un pas rapide et, de son accent irrité, elle laisse tomber ces brèves paroles :

— Savez-vous bien que je suis mécontente de vous! J'apprends que, pareils à des brutes, la plupart d'entre vous boivent outre mesure et tombent presque sans vie dans les rues ou sur la plage. C'est une honte pour vous, une douleur pour moi... Mon cœur saigne à vous voir ainsi oublier votre Dieu, votre reine, vos familles; souvenez-vous qu'il faut qu'un tel état de choses cesse, et n'oubliez pas surtout que si vous continuez, vous affligerez celle qui vous porte dans son cœur. M'avez-vous entendue?

— Oui, oui!

— Voulez-vous m'obéir?

— Oui, oui!

— Me voilà heureuse, et vous êtes toujours mes fidèles sujets.

La reine se retira d'un pas moins prompt, salua ses Kanaks avec une bonté touchante, et, il faut le dire à la louange de ces braves gens, depuis ce jour... ils s'enivrent plus salement que par le passé! Le proverbe : *Qui a bu boira*, est vrai dans tous les pays.

En passant près de moi, Pomaré me dit un *iaorana* tout amical : elle me fit promettre d'aller la voir le lendemain. Je n'eus garde d'y manquer ; et pourtant !...

Je voudrais ne pas avoir connu Pomaré. N'importe, elle m'attend, devenons brave, et courons au péril.

— Une chose m'étonne de plus en plus, Pomaré.

— Laquelle ? Matapo.

— C'est de te voir, toi, si pensante, reine d'une nation qui ne pense pas.

— Elle est heureuse à sa façon, cela me suffit.

— As-tu bien des chefs aussi occupés que Praïta, celui que je vois là, près de toi, sans cesse accroupi dans la posture d'un chien de basse-cour ?

— Ils le sont tous au même degré, tous pensent comme tu supposes que pense Praïta.

— Combien leur donnes-tu pour de si utiles travaux ?

— Ceci est un secret ; mais ils ne se plaignent point. Je ne me plains pas non plus, et les affaires n'en vont pas plus mal.

— Ne crains-tu pas qu'un si mauvais exemple ne soit contagieux ?

— Ici la contagion de la paresse date de notre naissance. Les plantes, les fleurs, les arbres seuls marchent vite. Tout ce qu'on appelle nature morte est en mouvement, et la nôtre *se repose de son repos.*

— Pourtant, j'ai entendu courir sur la plage bien des jeunes filles qui m'ont paru fort ennemies du sommeil.

— Oui, jusqu'à douze ou quinze ans, *on a des ailes à Taïti, plus tard on n'a pas même de bras.*

— Aussi ton pays est-il pauvre, quand il devrait être riche.

— Vois-tu, Matapo, l'homme riche, à Taïti, serait celui qui pourrait dîner deux fois.

— Tu m'étonnes, Pomaré : on croirait que tu fais l'éloge de la paresse.

— Change mon soleil, je changerai ma manière d'être, je crois te l'avoir déjà dit.

Vous le voyez, cette femme, cette reine, sera toujours de son pays. La France aura beau s'asseoir ici, sur ses tribunaux, sur ses comptoirs, sur ses cabarets : le Kanak ne cessera jamais d'être Kanak, et la reine Pomaré sera toujours souveraine omnipotente d'un peuple qui nous vaincra par son apathie.

Le Kanak debout sera votre serviteur ou votre esclave, le Kanak couché vous tiendra sous sa domination.

Une vérité malheureusement incontestable,

c'est que nous ne savons pas coloniser; n'est-il pas douloureux, en effet, de voir tout cet océan dominé par la Grande-Bretagne, quand à peine nous posons un pied timide sur Nouhiva et Taïti, que nous abandonnerons bientôt?

Revenons à Pomaré, qui nous fait demander ce matin, et qui est plus forte en coquetterie qu'en politique.

Ma visite fut courte, elle se leva la première et me dit en me quittant :

— Je ne te verrai pas demain dimanche, je vais prier au temple et je serai *tabou* pour tout le monde.

— Même pour ton mari? lui demandai-je en souriant.

— Surtout pour lui, me répondit-elle avec une charmante coquetterie.

— Que vas-tu implorer de ton dieu, Pomaré?

— Qu'il m'aide, non pas selon mes désirs, mais selon mes besoins.

— Tu crois en lui et en sa puissance, n'est-ce pas?

— Quelquefois.

— Quand n'y crois-tu pas, Pomaré?

— Quand je trouve sous ma main des ingrats et des méchants.

— Pauvre reine, tu serais athée si tu vivais parmi nous.

Le lendemain, Pomaré dormait d'un profond sommeil dans le temple, bâti par les soins du droguiste Pritchard, aujourd'hui consul aux îles des Navigateurs. Voici la seconde fois que le nom de Pritchard s'échappe de ma plume et salit ce papier. Je n'ai pas voulu parler à la reine de ce marchand de pilules, qui ne doit sa réputation qu'à notre faiblesse, car, vous vous en souvenez, c'est nous qui avons payé ses fioles cassées, ses balances en débris et ses onguents de toutes sortes jetés au vent ; Pritchard, qui a occupé l'Europe presque autant qu'Abd-el-Kader, Méhémet-Ali et l'agitateur O'Connell, mort millionnaire, enrichi par ses compatriotes affamés.

Je suis plus courageux aujourd'hui qu'hier, et chez la reine je laisse tomber le nom de Pritchard... Impertinence, soit ; mais j'aime à savoir. Hélas ! je n'en sais pas davantage, la reine est femme, et la femme est reine.

N'est-ce pas, Pomaré, qu'on te calomnie ? N'est-ce pas que l'Europe est une folle d'oser te prêter un amour quelconque pour le girofle et le séné ? Hâte-toi de me donner raison.

Au nom de Pritchard, Pomaré quitta ma main et s'éloigna sans me répondre. Décidément la démence est la reine du monde et une tête de femme est son siége principal.

Au revoir donc, Pomaré.

. . . .

Il me semble encore que depuis quelques jours ciel prend plaisir à jeter un peu de variété au milieu des heures d'ennui qui commencent à m'assaillir. La monotonie du bonheur n'en est pas moins une monotonie, et je comprends que cette éternelle verdure qui sert de manteau à Taïti fatigue les regards de celui qu'elle poursuit incessamment de sa régularité.

Je hâtai donc de mes vœux les plus ardents le jour de mon départ, et cependant je laissais ici bien des regrets avec mes souvenirs. La reine surtout s'offrait à ma pensée avec ses caprices et leur coquetterie, et je me gardais rancune à moi-même de la voir dominer si impérieusement tous les plaisirs de Papéété. Aussi m'éloignai-je souvent de cette *cité royale* et profitai-je des fraîches brises du matin pour parcourir les petits sentiers qui l'entourent.

Le temps était magnifique, un léger réseau voilait l'atmosphère, le flot dansait sur les coraux envahis, et je baignais mes pieds dans la dernière oscillation de la baie, lorsque je m'entendis appeler.

C'était Pomaré qui était allée passer la matinée à Papaoua, et qui, plus leste et plus aventureuse, venait de m'atteindre.

— On m'a dit, Matapo, que tu allais partir?

— On l'a dit vrai.

— Serais-tu venu me voir?

— Je ne crois pas.

— Est-ce la galanterie de ton pays qui te dicte cette réponse?

— Avec toi, Pomaré, les mots doivent dire les choses, et si je n'étais pas allé te serrer la main, c'est qu'elle est beaucoup trop petite pour que je l'oublie; on regrette moins le trésor qu'on a perdu depuis longtemps.

— Mais ce trésor, si c'en est un, ne t'a jamais appartenu.

— Tu es cruelle de me le rappeler.

— Non, puisque tu pars. Où vas-tu en quittant mon île?

— Dieu le sait, mon pays est si loin, les flots sont si capricieux!

— Je voudrais bien lire le livre que tu feras sur mon pays.

— Souviens-toi de toutes nos conversations, elles y seront religieusement conservées.

— Si je l'avais su! me dit Pomaré en me poussant légèrement de la main.

— Je suis bien aise que tu l'aies ignoré, lui répondis-je en me rapprochant d'elle. J'aurais écrit des mensonges et tu aurais été plus coupable que moi...

— Va donc pour ce que j'ai dit.

La reine me serra la main et partit d'un air déterminé.

Quant à moi, je soudai cette conversation à celles que j'avais déjà eues avec elle. Je lui criai : *Iaorana*, je lui envoyai mon dernier adieu.

LES ROBES NOIRES. — TRISTESSE.

— Les prêtres du Chili et ceux des Marquises. — Tolérance et intolérance — Les élèves du père Dordillon. — Réponse d'un Cafre. — Opinion d'un demi-chef des Happes sur Dieu. — Moi aussi j'ai prêché. —

Ce n'est pas une idée arrêtée d'avance ; je n'ai pas de parti pris à leur égard, je ne les juge que d'après leurs œuvres.

J'ai vu quelques prêtres qui vous auraient appris une religion, j'en ai vu beaucoup qui vous auraient rendu athée, tant ils entouraient leur Dieu de vengeances et de foudres.

Prêchez la clémence, vous serez écouté, vous serez compris ; prêchez la rigueur, vous serez honni, chassé, maudit.

Je n'en ai pas trouvé deux qui ne prêchassent

les peines éternelles pour des fautes temporelles..
O mon Dieu, que tu es calomnié !

> D'un supplice sans fin la pensée est impie ;
> Ce que le temps a fait, c'est le temps qui l'expie...

a dit Lamartine.

Les prêtres du Chili sont en correspondance suivie avec ceux des Marquises, des Gambiers, des Witi, des Wallis et de la Nouvelle-Calédonie, lorsque ce dernier pays permet qu'il y ait des prêtres chez lui. Ici, le contraste se dessine avec une effrayante transition.

Les chefs, selon moi, résident au Chili ; les subalternes, aux Gambiers et autre part.

Il y a deux prêtres à Mangareva, deux prêtres dépendant de l'évêque de Taïti que j'ai longtemps cru ministre de tolérance et de paix, et dont je vous parlerai vers la fin de ce chapitre. Les catholiques de Taïti vivent heureux auprès de Pomaré la reine qui professe une autre religion : les catholiques kanaks de Mangareva tremblent incessamment sous les verges et les disciplines de leurs fougueux pasteurs... Si vous voyiez l'abrutissement des malheureux Kanaks des Gambiers, vous rougiriez du rôle honteux que jouent ici les ministres d'un Dieu de paix et de miséricorde, et vous vous demanderiez sérieusement s'il ne valait pas mieux laisser ces pauvres sauvages dans l'ignorance des choses saintes que de les leur apprendre par les menaces et les flagellations.

J'aime mille fois mieux le système du père Dordillon et de son confrère que celui employé par les révérends de Mangareva. Là-bas, du moins, à Nouhiva, nos missionnaires ne font urler ni les damnés ni leur souverain ; ils appellent à eux les Kanaks jeunes et vieux, ils leur apprennent par cœur des versets et des psaumes que l'on chante à l'unisson, et au bourdonnement desquels exécutants et public s'endorment du sommeil des justes.

J'ai assisté à un de ces exercices en plein vent.

— Partez, dit le père Dordillon à ses élèves ; partez.

Depuis un quart d'heure, mes gaillards et mes gaillardes s'escrimaient de leur mieux, et je sentais s'affaisser mes paupières, quand je demandai grâce au révérend.

— Eh bien, me dit-il d'un air triomphateur, ces braves gens sont capables de vous en donner comme ça pendant deux heures et demie au moins.

— Savent-ils ce qu'ils disent ?
— Un peu.
— Pourquoi pas tout à fait ?

— Parce que leur intelligence est rétive, et puis je crois sage de laisser quelque vague dans leur esprit à propos de certaines vérités de notre sainte religion ; l'ignorance est souvent protectrice.

— Apprenez-vous l'enfer à vos disciples ?
— Je leur prêche le ciel.

Ma foi, vive le père Dordillon ! tout Dordillon qu'il s'appelle.

Je dis un jour à un Cafre, esclave à l'ile de France :

— Crois-tu en Dieu ?
— Si maître l'ordonne, oui, me répondit-il sans hésiter.

Il y aurait dix gros volumes à publier sur cette obéissance passive du bipède brute envers le bipède intelligent. Pourquoi ne les publieriez-vous pas, vous qu'on écoute, vous en qui l'on croit ?

— Crois-tu en Dieu ? demandai-je, une autre fois, à un demi-chef des *Happas*, qui était venu me faire visite.

— Auquel ? me répondit-il avec insolence.
— Mais il n'y en a qu'un seul, le nôtre.
— Vos prêtres assurent, au contraire, que vous en avez trois.
— C'est que vous ne les avez pas compris.
— Ils nous le répètent tous les jours, et nous avons décidé que nous ne croirions pas.

— Mais, en ce cas, vous devez croire à un
re Dieu ; car je sais que vous priez.

— Nous prions notre Dieu quand nous allons
a bataille, puis quand nous en revenons, s'il
us a permis de couper des têtes.

— Et quand vous avez coupé des têtes, que
nandez-vous à votre Dieu au retour de la balle?

— Qu'il nous permette d'en couper d'autres.

— Que faites-vous de ces têtes coupées?

— Nous les montrons à nos enfants pour qu'ils
viennent braves comme nous.

— Et les corps de ces têtes, qu'en faites-
us?

— Nous les mangeons.

— Est-ce que nos prêtres ne vous ont pas
pris à ne plus manger vos ennemis morts ou
incus?

— Ils ont essayé ; mais nous n'avons voulu
en leur promettre... Si nous avions promis,
us tiendrions parole.

— Est-ce que vos prêtres vous conseillent de
ire cuire vos ennemis?

— Non ; ils nous disent de les manger tout
us.

Voilà bien des années que les Marquises nous
ppartiennent ; voilà bien des années que nos prê-
res ont prêché le Dieu des chrétiens, et une re-

ligion de cannibales domine encore à Nouhiva. Croyez-vous que les prédications aient été ferventes et bien dirigées? Je ne le pense pas.

Laissez le Kanak de Nouhiva se persuader qu'il est plus fort que vous, et vous dormirez en sûreté dans sa case. Essayez de lui imposer par les menaces, et vous courrez grand risque d'être sa victime.

J'en conviens avec vous : que cet apostolat, accepté par les prédicants, soit une œuvre de conviction ou d'hypocrisie, il faut une certaine énergie pour l'accomplir. Les chances de succès sont douteuses ; des périls réels peuvent surgir des événements les plus futiles. Il est vrai que le confortable ne manque presque jamais à ces missionnaires anglicans et catholiques, et qu'ils partent la besace bien chargée ; il est vrai encore que ceux qui les envoient ne négligent aucune occasion pour les encourager et les maintenir dans leur mission ; mais les climats ont leurs caprices, les océans leur rigidité, les vents leurs colères ; et quand on abandonne les douceurs du cloître ou le calme du presbytère pour les chances d'un triomphe douteux, on a bien mérité des hommes et du ciel. Ce qui surtout porte un coup fatal au progrès de la foi prêchée dans tous les archipels de l'Océanie, ce sont les guerres intestines, les querelles de chaque jour qui divisent les prêtres des diverses religions. Les Kanaks de Taïti principalement se distinguent par le bon sens ; ils n'acceptent pas sans contrôle la parole évangélique, et quand ils voient les deux dogmes en contradiction avec eux-mêmes, ils concluent que nul des deux n'est vrai.

La prédication de la paix par des hommes de guerre n'est pas trop édifiante en effet, et voilà qui explique la tiédeur et l'insouciance des nouveaux convertis ; ils aiment bien mieux une banane qu'un sermon et un *évi* qu'une messe, alors surtout que la musique militaire ne s'y fait point entendre.

Il y a longtemps de cela, je me fis prédicateur de la foi catholique, chez les bons, les excellents insulaires des Carolines. Vincent de Paul n'aurait pas montré un zèle plus ardent. Les Carolins vivaient en paix dans leur riche archipel, ils avaient un dieu bienfaisant et juste qui venait souvent les visiter sur des nuages, d'où il répandait les rosées ou les colères, selon que les hommes étaient plus ou moins frères entre eux. Ils ne voulurent pas changer, ils restèrent dans leur culte ; et moi, sans haine comme sans anathème, j'en fus quitte pour une extinction de voix que le lait rafraîchissant du coco fit bientôt disparaître.

Dans ces pays la vie est si rapide, qu'on n'a

presque pas le temps de penser : elle est si douce et si facile qu'on ne veut point se donner la peine de savoir si on peut l'améliorer.

Le Kanak rêve-t-il des bananes plus onctueuses que les siennes, des oranges plus douces, des *mayorés* plus appétissants, des nattes plus moelleuses, des eaux plus limpides ? Non certes ; et c'est pour cela qu'il croira plus difficilement à un autre Dieu qu'à celui qui l'a si magnifiquement doté.

Pendant que vous serez là, vous imposerez peut-être vos vêtements et votre Dieu ; au départ, votre Dieu et vos vêtements seront livrés aux flammes, ou si les Kanaks les respectent, c'est que leur intérêt l'exigera.

J'ENTRE A L'HOPITAL.

Je suis le n° 1. — Un professeur de rhétorique. — Défiez-vous du latin. — La livrée du lieu. — Le docteur Bellebon. — Sœur Régis. — Quelques rimes. — Trois prières. — Un cannibale à l'hôpital. —

Je suis à l'hôpital. Le dévouement et la religion à ma parole m'ont conduit dans ce triste séjour, où la science interroge et médite, où la douleur et le silence répondent.

À l'hôpital, le docteur défait ce qu'ont fait le prêtre et le parrain, il vous débaptise.

De par son omnipotence, vous n'êtes plus Léon, Jules, Frédéric ou Jacques, on ne vous appelle plus ni Chatterton, ni Moreau, ni Gilbert, vous n'êtes tout bonnement que le n° 1, 2, 3, 4, 5... N'exigez pas davantage, on vous regarderait comme un ambitieux.

Je suis aujourd'hui le n° 1 de l'hôpital; avec quel numéro en sortirai-je?

J'ai un drame à vous raconter.

C'était à Paris, dans un des plus magnifiques hôpitaux ouverts à tant d'infortunes. Un docteur célèbre achevait presque sa visite du matin, suivi d'un grand nombre d'élèves, attentifs à ses leçons; il arrive auprès d'un malade dont la figure maigre et blême disait les longues souffrances du corps et de l'âme.

— Qui a vu ce sujet? demanda-t-il à ses disciples.

— Moi.

— Votre opinion?

— Le pouls est meilleur, la respiration plus libre, les yeux moins vitrifiés; je crois qu'il va entrer en convalescence.

— Vous vous trompez, monsieur, dit le professeur en latin, pour ne pas être compris du malade ; demain, avant midi, cet homme sera mort.

— Vous vous trompez aussi, répond le malheureux alité, dans la même langue que le docteur ; votre parole vient de me tuer, votre arrêt avance ma dernière minute...

C'était un ancien professeur de rhétorique au collège Louis-le-Grand... Deux heures plus tard, on le menait à l'amphithéâtre, et les jeunes gens admiraient la science de leur professeur, qui, sans le vouloir, venait de commettre un homicide.

Revenons à nous.

En entrant à l'hôpital, vous n'appartenez qu'à l'hôpital, et l'on vous défend en quelque sorte de vous rappeler ce qui est *vous*. On vous donne une livrée, on vous affuble de quelque chose de triste, de lugubre, traînant avec soi les miasmes de l'établissement. Je vous défie bien, quelque valide que vous soyez, quelque roses que soient vos joues, d'échapper à la contagion du costume et de ne pas faire dire aux passants : C'est un homme perdu.

Voici le docteur de la maison, voici une intelligence élevée, un cœur au niveau de l'intelligence.

Cet homme, c'est M. Bellebon, dont la colonie est fière, dont l'hôpital est heureux.

La parole de M. Bellebon est brève et nette ; elle traduit la pensée comme le miroir traduit l'image ; elle ne tâtonne pas, elle va droit au but : on la comprend tout d'abord, et voilà pourquoi elle rassure, voilà pourquoi elle console.

Le docteur, qui lira peut-être un jour ces lignes, saura que je me suis fait l'écho de toute la colonie, et il aurait tort de penser qu'elles n'ont été dictées que par la reconnaissance pour ses soins de chaque jour.

Nous retrouverons plus tard M. Bellebon, que nous ne quittons un instant qu'à regret.

M. Blondeau est le prévôt de la maison : peu vous importe, et à moi aussi.

Salut à vous, mes sœurs !

Salut à vous, chastes et pieuses filles, dont la vie glisse sur les infortunes humaines comme les doux rêves sur nos nuits de deuil !

Salut à vous, pénitentes sans péchés, dont les genoux s'usent à la prière, dont les mains généreuses guérissent les plaies du corps, et la parole sainte les plaies de l'âme ! Quand ma journée avait été sombre, quand les douleurs aiguës que le ciel m'a données pour compagnes m'avaient retenu captif dans ma chambre, l'une d'elles, la jeune supérieure, sœur Régis, celle que les autres appellent leur mère, venait, de sa voix aussi douce qu'un timbre de cristal, me montrer de son doigt, peut-être prophétique, là-bas, là-bas, à travers bien des horizons, les frères retrouvant leur frère égaré sur les flots.

Souvent d'autres sœurs venaient un instant après, et, conspiratrices inspirées, elles répandaient un rayon de miel sur mes longues infortunes.

Moi, fils des Pyrénées, j'ai ressenti un noble orgueil à les entendre ; presque toutes sont mes compatriotes...

Ne croyez pas qu'exagérées dans leur religion de paix, les sœurs dont je parle avec un bonheur si vrai défendent les causeries intimes et lancent l'anathème sur tous les plaisirs mondains. Elles savent que David a dansé devant l'arche, elles n'ignorent pas que les archanges chantent au-dessus des nuages, et leur littérature n'est pas toute dans le missel et dans la Bible.

Pourquoi, puisqu'un poëte du lieu me fait ses confidences, ne citerais-je pas ses rimes aventureuses ?

Vous êtes sept, dit-on, en ce vaste édifice,
Qu'on nomme sur ces mers l'orgueil des hôpitaux :
Dans ce nombre, mes sœurs, je vois une malice...
Ils sont sept, comme vous, les péchés capitaux.

Sœur Régis devait-elle rester étrangère à l'inspiration ? Le poëte ne l'a point pensé :

O toi, de qui l'organe est si plein de douceur,
O toi, qui sais calmer toute douleur amère,
Pour m'apprendre à prier, de grâce, sois ma sœur ;
Pour m'apprendre à bénir, de grâce, sois ma mère.

Sœurs Joséphine, Suzanne, Bruno, Sophranie, Hélène, Marceline, je ne vous dis pas adieu ; mais au revoir... Au revoir, sœur Régis :

Les doux vœux que pour moi vous faites,
Sont pour vous les vœux que je fais ;
Ne pouvant rester où vous êtes,
Mon cœur vous attend où je vais.

Où irons-nous, sœur Régis ? Où irons-nous, sœur Marceline ? Toutes deux d'accord, vous me répondez : *Au ciel.*

Montaigne disait : Que sais-je ?

Mon Dieu, s'il y en a un, sauvez mon âme, si j'en ai une.

Pensez-vous que ce soit là une prière impie ?

Oui, dites-vous. Aimez-vous mieux la prière du brave Lahire ?

Mon Dieu, fais pour Lahire ce que tu voudrais que Lahire fît pour toi, s'il était Dieu et que tu fusses Lahire ?

Ne trouvez-vous pas quelque chose de noblement chevaleresque dans l'oraison du preux Lancelot en présence de ses ennemis :

Mon Dieu, sois neutre, et tu vas voir des gaillards bien frottés.

Hier, 9 juillet, est mort à l'hôpital, tout près de moi, un brave Kanak des Pomoutous, condamné aux galères perpétuelles. Quel était son crime ? Il y a trois ans de cela, une goëlette appartenant au capitaine Rousseau, dont le nom m'est doux à écrire, se vit attaquée par les naturels d'une baie amie. L'équipage fut massacré et son commandant dévoré.

Rousseau partit, il arriva dans la baie, mouilla très-près de terre, descendit presque seul, mais bien armé, fouilla d'un regard furieux dans les rangs des sauvages, et y découvrit le chef de l'île, qui se croyait en sûreté ; il le saisit par le cou, et, le pistolet au poing, le traîna jusqu'au canot. Plusieurs Kanaks, arrêtés le lendemain, furent conduits à Taïti avec leur chef. On pendit celui-ci à Papéété, trois autres le furent aux Pomoutous, dans la baie même du crime, et l'on en condamna quatre aux galères perpétuelles.

Parmi ceux-ci était le Kanak qui vient de mourir, et que j'allais visiter quelquefois. C'était un digne garçon, point brutal, point emporté, bienveillant, sobre, se contentant sans trop grommeler de la ration de forçat, un vrai mouton pour la patience et la bonté.

Il me racontait en termes tout naïfs les détails

de la *farce* dans laquelle il convenait avoir joué un rôle fort actif, et il se plaignait avec beaucoup d'amertume du capitaine dévoré, qu'il trouva horriblement coriace.

— Figure-toi, me dit-il, que notre chef se réserva les morceaux les plus délicats, la cervelle, l'œil gauche et la poitrine; moi, je n'eus qu'un peu de mollet rempli de petits nerfs, et encore on ne m'en donna qu'une fois. Ce capitaine aurait dû être gardé un mois au moins avant de nous être servi.

— Quel goût, demandai-je à mon gracieux interlocuteur, quel goût a la chair de l'homme?

— À peu près celui de la chair de la femme.

Et l'on condamna ces hommes aux galères! et l'on en pendit quelques-uns! Barbare Europe, tu ne seras jamais civilisatrice. Hier, quand on m'apprit l'agonie de ce pauvre martyr de la cruauté de nos lois, je me rendis auprès de sa couchette; sœur Marceline et sœur Joséphine priaient à genoux; j'eus grande envie de demander au ciel, pour l'infortuné, qu'il lui fût servi là-haut, pendant toute l'éternité, des chairs tendres d'enfant et de femme cuites à point, ou crues bien rouges et bien sanguinolentes. Je gagerais que ce fut là aussi la dernière oraison de *Puhinara*.

Pour que mon sort ne vous émeuve pas trop,

je crois devoir vous assurer que le citoyen des Pomoutous que les forçats emportent en ce moment sur leurs robustes épaules est le seul anthropophage que possède l'hôpital.

COURSE A FATAHUA.

— Le lieutenant Vallès. — Ascension. — Bourdonnec est une cruche. — Propos hardis de Bourdonnec. — Attention aimable de M. de Nicolaï. — Bourdonnec me sert de monture. — Description de Fatahua par le lieutenant Vallès. — Prise de Fatahua. — Retour. —

Chacun me disait : N'allez pas là ; les jeunes, les actifs, les clairvoyants seuls ont le privilége de gravir ces cimes escarpées et de traverser ce rapide torrent, qui oppose ses cinq mouvantes barrières à l'audace du piéton et roule ses eaux tourbillonnantes à travers d'immenses roches semées sur son passage.

Mais là-bas, ou plutôt là-haut, un homme m'attendait. C'était un brave soldat qui avait déjà vu l'Afrique et conquis ses épaulettes sur plus d'un champ de bataille.

Il m'avait dit : Venez ; et comme il s'appelait

Louis Vallès, comme il était mon compatriote, comme nous devions parler de la patrie, des amis, de la famille, je me mis en route.

Je marche et j'écris ; il me faut cinq heures à peu près pour me rendre au poste commandé par l'ami Vallès, esprit supérieur, cœur bien placé, homme d'intelligence ; je prends pour guide une tête carrée, une intelligence rétive, quelque chose de gluant et de solide à la fois, un parleur qui a toujours un mot à dire, un mot trop logique, un mot digne de la Palisse ou de Condillac, c'est à choisir. Bourdonnec tient du polype et de Berzelius, du corail et de Galilée, du chou et de Kepler ; Bourdonnec vous étonne et vous émeut par l'audace de sa nullité, par l'impertinence de sa bêtise, par le cynisme de son ivrognerie. Bourdonnec trouve tout simple qu'on boive toujours. Bourdonnec est une cruche moins *les anses :* je parle de Bourdonnec, donc je devais lâcher une bêtise... Écoutez-nous.

— Mon pauvre Bourdonnec, voilà une route bien mauvaise.

— Ah ! monsieur, c'est qu'elle n'est pas belle.

— Il fait bien chaud.

— C'est que le soleil n'est pas froid.

— Voilà des eaux bien rapides.

— C'est que peut-être elles courent vite.

— Voilà une roche bien glissante.

— C'est qu'elle n'est pas raboteuse, monsieur.
— Voilà des branches d'arbres qui me déchirent la figure.
— C'est qu'elles vont jusque-là.

Étonnez-vous, après cela, si j'aime tant les voyages, puisque le ciel généreux jette quelquefois sur mes pas des êtres si instructifs, si complets !

« Il y a des bêtises qu'un homme d'esprit achèterait fort cher, » disait Fontenelle ; Fontenelle avait raison, et ce matin je m'appuie avec plaisir sur le bras de Bourdonnec.

Nous cheminions assez vite, et nous répondions tant bien que mal aux *Iaorana* des jeunes filles.

Le jour naissait, la brise commençait à soupirer à travers les hautes branches du bourao et le parasol du bananier... Deux piétons nous suivaient en doublant le pas, et Bourdonnec, qui n'est pas un César, m'en faisait l'observation d'une voix tremblante.

— Qu'avons-nous à craindre ? lui dis-je. J'ai là, dans ma poche, quelques pièces de cent sous, à l'effigie de la République ; si ce sont des malfaiteurs, nous les leur donnerons ; je ne veux pas t'exposer à une lutte inégale.

— Salut à M. Arago, me dirent ensemble les deux nouveaux venus.

— Salut à vous, messieurs, leur répondis-je ; qui êtes-vous ?
— Deux soldats de la 8e. et nous sommes expédiés après vous, pour vous venir en aide.
— A qui dois-je cette exquise politesse ?
— A notre commandant Nicolaï.
— Je l'en remercierai à mon retour.

Nous cheminâmes assez joyeusement, quoique les ronces et les fondrières de la route me fissent trébucher plus que je n'aurais voulu.

L'intrépide Bourdonnec commençait à comprendre que M. Nicolaï, son commandant, avait eu dans le cœur une généreuse pensée en m'envoyant du secours. Nous arrivâmes au premier tronçon, courant avec turbulence et une rapidité de trois lieues à l'heure. Les eaux étaient basses, Bourdonnec se proposa pour monture, j'escaladai son épaule, et nous voilà soutenus par les autres guides, grimpant sur des roches glissantes, contournant les plus difficiles, et arrivant enfin sur la terre ferme, dans l'espace qui sépare les deux premiers cours de la rivière. Ainsi fîmes-nous pour les autres passages.

La philosophie de ma monture ne se donna point de démenti pendant cette périlleuse traversée ; le drôle s'arrêta tout court à l'endroit le plus profond du quatrième embranchement ; et, comme je lui demandais la cause de cette halte dangereuse :

— Savez-vous à quoi je pense? me dit-il.
— Ne pense pas et chemine.
— C'est que c'est bien sérieux, M. Arago.
— Dis donc, et parle vite.
— Je dis, monsieur, que si cette eau était du vin, mes camarades et moi, nous viendrions plus souvent ici, et la route de Papéété à Fatahua ne serait ni difficile, ni déserte.

Si mon brave Petit avait été près de moi, Bourdonnec aurait reçu son accolade fraternelle.

Après le passage du torrent, la route monte rapide, escarpée. D'un côté, des blocs à pic bizarrement dessinés; de l'autre, un précipice...

La commission que j'avais donnée quelques jours avant n'avait donc pas été remplie, puisque l'ami Vallès, que je venais voir, n'envoyait personne à ma rencontre. Un caporal du poste, que j'interrogeai, me dit que son lieutenant ne m'attendait point; il partit d'un pas rapide, et une demi-heure après je vis arriver mon compatriote, convaincu enfin que les obstacles n'arrêtent pas l'homme de cœur qui a promis un plaisir en échange d'une joie.

Un âne suivait le lieutenant Vallès; Bourdonnec le fêta en bon camarade.

Nous voici dominant la cascade, tout près du bassin supérieur qui l'alimente; j'écoute, je crois voir. Je maudis ma cécité qui m'empêche de jouir de ce magnifique spectacle, et voile à mes yeux *le Diadème* dont les trois pointes dominatrices se dessinent encore sur ma tête.

Je ne vous dirai pas les causeries intimes de cette journée si rapidement écoulée. La patrie était là, près de nous ; la famille, les amis étaient là aussi. Le désert de Fatahua s'était peuplé : nous avions près de nous des bourgs, des cités, des capitales, des arts, le commerce, l'industrie, la splendeur d'un peuple libre ; et le vent qui soufflait sur nos fronts nous apportait des émanations douces et balsamiques ; Fatahua et Paris se donnaient courtoisement la main.

Mais, outre la cascade, son torrent et ses bassins, qu'est-ce que Fatahua ? Écoutez Vallès, qui écrit à son frère.

« Je viens à Fatahua, mais sais-tu ce que
« c'est que Fatahua ? le voici : lors des dernières
« guerres, les Indiens furent battus dans diver-
« ses rencontres, mais Fatahua tenait toujours ;
« donc les Indiens n'étaient pas vaincus. Le gou-
« verneur essaya plusieurs attaques, mais que
« faire contre ces remparts gigantesques dressés
« par la nature?... Nos pelotons dirigeaient en
« vain contre eux leurs coups de feu, aucun cri
« d'effroi, la plainte d'aucun blessé ne leur ré-
« pondaient, seulement l'écho les répétait sur
« tous les modes ; c'était le plus infernal défi ;

« comment surmonter les difficultés du pas-
« sage? Un homme seul pouvait s'y engager,
« et là, pourtant, comme une sanglante iro-
« nie, les chèvres des montagnes se jouaient en
« bondissant; et Fatahua! Fatahua retentissait
« aux oreilles de M. Bruat, tel que le cri d'un
« démon dans un rêve fiévreux. Des montagnes
« réputées inaccessibles dominaient Fatahua;
« Bonnard, commandant la colonne d'attaque,
« demande des volontaires; il s'en présente trop,
« on n'en prend que trente, on leur donne des
« cordes, une poignée de main, en leur disant au
« revoir, avec un sourire douloureux; ils par-
« tent... Maintenant, qu'une pierre se détache,
« qu'un seul canon de fusil, qu'un seul bâton
« soit levé sur eux, ils sont perdus... Ils arrivè-
« rent.

« Fatahua fut dominé, Fatahua se rendit, l'île
« entière fut soumise. Eh bien! ce n'est pas cela
« qui m'étonne; ce qui m'étonne, c'est qu'un
« homme qui avance dans la vie, un aveugle,
« Jacques Arago soit ici, près de moi, parlant du
« pays, de ses souvenirs, de la famille, et je
« vous quitte, car je l'écoute. »

Si ces lignes d'un ami trop bienveillant vivent sur les pages de mon livre, c'est que je n'ai pas voulu le fâcher par une rature, et que je lui ai promis de respecter sa pensée. J'étais venu, c'est bien ; tant d'autres, clairvoyants et jeunes, ont reculé devant l'entreprise, mais

<blockquote>Quand on prend du *rocher*, on n'en saurait trop prendre.</blockquote>

et voilà que je piétine sur l'étroit sentier qui conduit au *Diadème*.

— Vous n'irez pas là, me dit Vallès en me serrant la main.

— J'irai, je l'ai résolu.

— Bourdonnec ne vous y accompagnera point par peur, je ne vous y accompagnerai point par affection.

— Alors, je prendrai un de vos soldats.

— Je leur ordonnerai à tous de vous désobéir.

— C'est ainsi que vous pratiquez l'hospitalité?

— Ni plus ni moins ; vous êtes mon hôte, je me suis promis de vous ramener à Papéété, je ne répondrais pas que nous revinssions *tous deux* du *Diadème*.

Ces mots *tous deux* me déterminèrent et je restai. Ne me dites pas que j'ai reculé devant un obstacle, car si je l'entends, je me remets en route, et je n'aurai pas toujours près de moi un serviteur poltron comme Bourdonnec, un ami dévoué comme Vallès.

Encore un peu de prose :

Le saut vertical de la cascade est de 406 mètres; les bassins taillés en voûte qui la dominent et l'alimentent sont clos par des niches profondes, dont les pierres symétriquement arrangées semblent posées là par la main des hommes; mais ce qui étonne, ce qui offre un spectacle vraiment étourdissant, ce sont les petites cascatelles tombant en nappes souvent caressées et diamantées par le soleil, dans ces enclos où règne une éternelle fraîcheur... Merci à Vallès de régulariser mon imagination qui pourrait s'égarer: les aveugles aussi se bâtissent des palais d'or, de cristal et de lumière.

Voici l'heure du retour, quittons le désert, disons adieu à Marcus d'abord, serviteur intelligent, qui prépare assez bien les oiseaux tués à la chasse; serrons la main à Delord, soldat fidèle, qui attend les épaulettes et qui les mérite déjà. Disons encore que les pamplemousses, les citrons et les oranges pèsent sur le sol; n'oublions pas surtout un phénomène botanique dont aucun pays n'offre l'exemple : le papayer, aux parfums si suaves, se dresse puissant dans un grand nombre d'archipels, il est des deux sexes seulement ici. Là-bas, là-bas, le mâle donne des fleurs, la femelle donne des fruits; à Taïti l'arbre est mâle et femelle à la fois. Je vous l'ai dit, les fleurs et les fruits se marient à travers toutes les branches du même tronc : ce sont deux familles en une, elles vivent en parfaite harmonie, elles ont raison de ne pas vouloir se quitter.

Les rampes de la montagne sont derrière nous, le torrent est franchi de nouveau. Vallès nous a donné des hommes pour escorte, et le soleil nous a favorisés là-haut de ses rayons les plus éclatants : nous lui demandons aujourd'hui un peu moins de majesté, mais il se montre inflexible, et c'est à peine si je crois encore m'être chauffé à l'unique cheminée qui existe dans le pays, au poste de Fatahua. Nous voici de retour. — *Iaorana*, Oïti. — *Iaorana*, Pomaré, je vais me coucher, en pensant à vous, sans cesser de penser à Vallès.

Ce que je ne dois pas oublier de constater, comme devant servir de jalon aux recherches de l'explorateur, c'est l'immense quantité de cases en débris, éparses de tous côtés dans cette partie de l'île, et surtout dans la vallée du *Diadème*. On en heurte à chaque pas sur les plateaux, dans les ravins, sur le sommet des roches pelées, au milieu des broussailles les plus épaisses. On en rencontre parmi les masses de schiste, envahies par les eaux ou accoudées sur des blocs calcaires, que les siècles ont respectés.

Où est le peuple qui a bâti ces cabanes? Où sont les hommes qui les ont habitées? Où gisent les ossements de ceux qu'elles abritaient? Serait-il vrai, ainsi que le pense Bougainville, que Taïti comptait deux cent mille habitants, lors de la découverte de cet archipel?

Par exemple, ce n'est pas à Bourdonnec que j'adresse cette question, il me dirait peut-être que ces générations sont mortes, parce qu'elles n'existent plus; je ne veux pas qu'il ait toujours plus raison que moi. Cela m'humilie.

HOUPA-HOUPA.

— Anniversaire de l'inauguration d'une chapelle protestante à Haapapé. — Le tombeau de Tanohaa. — Des canards rouges. — Amazones à califourchon. — Trois sermons. — Toujours le même texte : « Kanaks, ne buvez pas. » — Danses taïtiennes. — Les chants. — Le tam-tam. — La flûte à nez. — Véron et Dupouchel. — Seconde houpa-houpa. — Après la danse. — Tableau. — Effet de deux bouteilles de vin sur trente jeunes filles endormies. — Le *namou*. —

Un pieux anniversaire, celui de l'inauguration d'une chapelle protestante, poussait hier, 12 juin 1850, toutes les populations de l'île vers *Haapapé*, charmante baie, à trois lieues de distance de Papéété. La reine s'y était rendue la veille; le gouverneur, sa femme, son état-major, les officiers de la garnison, la musique du régiment, les chefs, les cheffesses de tous les districts, les jeunes et jolies Kanakes, les vieilles et les laides, celles surtout qui vivent d'air et d'espace, qui savent par cœur toutes les fêtes du pays, et vous guideraient, les yeux fermés, sur les chemins, devaient être présents à la *Houpa-Houpa*.

Des danses, des chants, des courses, des cris, des prières, je n'avais garde de manquer à l'appel.

— Mes sœurs, je vous quitte demain.

— Où allez-vous?

— A Haapapé.

— Avez-vous un cheval?

— J'y vais à pied.

— Comment! monsieur, vous n'êtes pas corrigé par votre course à Fatahoua?

— Au contraire, ma sœur, c'est elle qui me décide, puisqu'elle m'a valu des éloges.

— Puisque vous êtes décidé, vous n'irez pas seul.

— Qui me donnez-vous pour compagnon de voyage?

— D'abord, le bras du soldat qui vous conduit, puis un panier renfermant des bananes, du chocolat, un pigeon, un pot de confitures, une bouteille de vin...

— Mais vous ne voulez donc pas que j'arrive?

— Sans délester le panier; et je vous connais, M. Arago, vous trouverez des convives.

— Va pour le panier! Demain, à cinq heures du matin, je me mets en route.

Pendant une demi-lieue à peu près, la route est belle, assez large, assez ombragée; mais, petit à petit, elle s'étrique, elle devient sablonneuse, fatigante et difficile, à cause du passage des torrents dont les ponts tombent en ruine.

Voici, sur la gauche, quelques pierres régulièrement amoncelées dans un étroit espace; c'est le tombeau d'un chef indompté de l'île, qui n'a jamais voulu se soumettre, qui a vécu seul, pendant plusieurs années, dans les broussailles, et qui est mort libre comme ses ancêtres. Le nom de cet intrépide Kanak mérite d'être conservé; il s'appelait *Tanohaa*. L'endroit où il repose est *tabou*; je passe à côté et je salue.

Quel est le nom de cette haute montagne, du pied de laquelle jaillit une source abondante, et que nous laissons à droite? C'est *Houahoraï*, plateau rude, pittoresque, qu'un Kanak seul a, dit-on, escaladé après huit jours de tentatives infructueuses, et au sommet duquel il aurait trouvé, assure-t-il, un lac d'eau salée, peuplé de poissons riches de mille couleurs, et des canards rouges qui m'ont l'air d'un canard.

Comme je n'ai plus mes jarrets et ma vigueur de vingt-cinq ans, les agiles piétons partis après moi me dépassaient, et il me fut aisé de juger de l'affluence dont *Haapapé* allait être témoin. Mais ce qui m'étonna surtout, ce fut le nombre considérable de cavaliers et d'amazones qui arpentaient le chemin... C'était Longchamps par un beau soleil.

Les circuits, les broussailles, les crevasses, les ponts tremblants, rien n'arrêtait l'élan des chevaux partis à toute bride, et je suis encore à me demander comment, au milieu de tant d'extravagances, on n'a pas eu un seul malheur à déplorer. Les femmes kanakes surtout sont de véritables centaures, montant à califourchon et défiant les plus intrépides.

Chez nous, les préparatifs de la fête sont presque toujours plus amusants, plus chauds que la fête elle-même; le contraire a lieu à Taïti, où l'on réserve ses forces pour le moment solennel, comme le pyrotechnicien pour ses feux d'artifice.

Voici Haapapé : j'y arrive écloppé, moulu ; et, par malheur, je n'avais pas Bourdonnec pour compagnon de voyage.

La foule était si compacte que nous ne pûmes qu'à grand'peine trouver un gîte commode pour nous asseoir en plein air ; les rares panaches d'un bananier nous abritèrent tant bien que mal, et il nous fut permis d'entamer les provisions.

Deux charmantes Kanakes, vieilles de quinze printemps au moins, — vous savez qu'il n'y a pas d'hivers ici, — s'assirent familièrement à nos côtés, et nous demandèrent la permission de ne pas nous en demander une pour juger de la qualité du vin... Le reste les intéressait faiblement.

Comme à dix bouteilles de Bourgogne je préfère une carafe d'eau pure ou une tasse de lait de coco, je priai mon guide d'appeler un citoyen du pays et de lui demander quelques fruits. Une pièce de vingt sous décida le désintéressé Taïtien, et, cinq ou six minutes plus tard, un riche bouquet de cocos proprement ouverts nous invitèrent à étancher notre soif.

Mais, pendant que mon soldat donnait des ordres, qu'avaient fait mes deux joyeuses fillettes? Elles s'étaient dévotement emparées du pigeon et du chocolat, et avaient pris leur essor au milieu de la foule grossissant à chaque instant.

Ces choses-là ne sont point ici des larcins, mais bien des espiègleries et des gentillesses, dont on serait fort mal appris de se plaindre; et mes deux vagabondes eurent assez bonne opinion de moi pour venir m'assurer, en me retrouvant, que le pigeon était cuit à point et le chocolat d'excellente qualité. Il est certain que si j'avais exigé un payement quelconque je l'aurais obtenu.

Cependant la cérémonie avait commencé. Dans le temple, deux prêtres se succédaient et faisaient entendre tour à tour des sermons et des prières. L'un d'eux me parut d'une fougue tellement évangélique, qu'il m'en donna de sérieuses craintes pour son larynx, et que, bien certainement, il ne parla pas de huit jours, à moins que ce ne fût par signes ou à l'oreille de son voisin.

Trois oraisons furent prononcées dans le temple et en plein air. Le texte de tous les discours fut : *Kanaks, ne buvez pas.* Le reste était à l'avenant. Après avoir donné une pression de main à la reine qui, pieds nus, m'épargna la moitié du chemin, je pris la route du *Champ de foire*, où les tables étaient dressées, et la fête bruyante commença. Que de cochons dévorés ! que de vin passant des bouteilles dans des tonnes ! que de démentis aux paroles des pasteurs ! Jamais orgie ne fut plus échevelée, jamais cris plus frénétiques ne s'échappèrent de poitrines plus rauques. La joie partout, partout le mouvement, le délire, et, sur deux tables privilégiées, le bordeaux, le champagne, le café, les liqueurs coulaient à flots pressés dans des gosiers inaltérables.

Voici l'élan, voici la fusée, voici le bouquet ! Peut-être vous rappelez-vous que je vous ai promis autre part quelques détails sur les danses nationales du pays : je tiens parole.

Un cri, puis un autre, puis un troisième, poussés sur une note très-élevée, et auxquels répond la voix des artistes de la fête. Les voilà palpitants, avides du prélude. Ils sont tombés accroupis sur leurs talons, hommes et femmes mêlés et alignés comme des soldats... C'est la minute qui précède le premier coup de feu d'une bataille ; c'est plus sérieux qu'une oraison funèbre.

Gare ! on est parti. Le chant est rapide, saccadé ; chacun le sait par cœur, chacun l'a dit cent fois en sa vie, on ne peut pas se tromper, il y aurait déshonneur pour celui qui romprait la mesure ; et d'ailleurs le tam-tam, les claquements de mains et la flûte à nez facilitent les mouvements et l'accord.

Le tam-tam est un tronc d'arbre creusé, dont une des bouches seulement est fermée par une peau bien tendue, sur laquelle les doigts tapotent avec une symétrie dictée par le rhythme musical; il est placé entre les jambes de l'artiste, accroupi comme nos tailleurs.

La flûte à nez, dont Tulou, Altès et Dorus feraient fi, les maladroits qu'ils sont, est un tube de roseau qu'on fixe sous une narine, tandis que l'autre est fermée par le pouce de la main gauche qui assujettit l'instrument ; la droite joue de trois doigts sur trois trous, de telle sorte qu'on obtient ainsi une harmonie ravissante à l'oreille, quand on l'écoute... de deux lieues à la ronde... La flûte à nez date de l'entrée des Israélites dans la terre promise, et n'a fait aucun progrès depuis cette époque. Je livre les Kanaks à la vengeance de Véron et de Duponchel.

Mais si le chant a de la vivacité, quelle expression pourra peindre jamais les mouvements fébriles des exécutants? Les bras, les mains, les phalanges, le corps, la tête, les regards, les pieds, tout se meut, tout se provoque, tout se balance. C'est une poitrine contre une poitrine, ce sont deux dos opposés qui s'entre-choquent, ce sont des lèvres avides qui se rapprochent et s'éloignent pour se rapprocher de nouveau, c'est quelque chose d'infernal et d'angélique à la fois qui vous prend par tous les sens et ne vous laisse pas un instant pour la réflexion. Mais un acteur se détache de la ligne; plus passionné que les autres, il concentre sur lui seul tous les regards, et, pour cette immense faveur, que n'essaye-t-il pas, bon Dieu! Le serpent eut-il jamais de plus souples ondulations, la panthère d'élans plus gracieux, la flamme de jets plus électriques?... Il parle, lui aussi, et il n'en sait rien; il chante, et il l'ignore; il a la fièvre, il a le délire, et vous l'enchaîneriez si ses yeux n'exprimaient une extase.

A ce personnage s'en joint un autre ; à une voix d'homme, à un torse d'homme, un torse et une poitrine de femme, jeunes tous deux, tous deux jeunes et frais, jeunes et lestes, prompts comme la fusée, et s'arrêtant tout à coup, comme elle, faute d'aliment.

Les danses générales n'ont pas cessé, les lèvres n'ont pas gardé le silence, les oscillations des acteurs ne discontinuent pas ; il faut quelques heures au moins pour que les flots de l'Océan se nivellent après la tempête.

Et, pendant cette crise en plusieurs actes, que font les spectateurs ? que fait la foule accourue ? On se tait, on grimace, on s'essuie le front, quelques femmes sourient, quelques hommes se cachent le visage, se promettant de ne plus y assister, et y accourant au premier appel...

Le drame est-il joué ? sommes-nous arrivés au dénoûment ? avons-nous analysé toutes les péripéties de l'œuvre ? Si vous le pensiez, vous connaîtriez mal les Kanaks de Taïti ; ce n'est pas pour si peu qu'ils se lassent.

Ne nous éloignons pas de la seconde *houpa-houpa*, elle est curieuse aussi, plus anacréontique cent fois que la première, elle s'attaque plus au cœur et donne moins de vertige... Voyez.

Ce n'est plus un front de bataille, une ligne droite comme une barre de fer, soumise seulement aux caprices du terrain. C'est une courbe, un cercle que vous croiriez tracé au compas et formé en un clin d'œil.

La danse sans le chant ne serait qu'un plaisir coupé en deux ; il faut au Kanak, et à la Kanake surtout, le gâteau entier. Donc, voici le chant, thème doux, imprégné de mélancolie et de sommeil, admirablement harmonisé en tierce, en quinte, par des voix d'une justesse merveilleuse. Auber, Adam, Meyerbeer et Halévy s'en lécheraient les doigts.

Quand une fois le bonheur est trouvé, le Taïtien s'en empare, et, dans la crainte de le perdre, il n'ose guère en changer. Aussi un peu de monotonie se glisse-t-elle dans sa joie quotidienne. Mais quand la note fatiguée s'endort, il y a toujours là ou là, dans un des anneaux du cercle, quelque jeune fillette à la prunelle de feu qui se lève pour la réveiller... Suivez-la.

Elle est lancée, le *tapa* voilant à peine une épaule et laissant l'autre à nu ; sa phrase musicale est vive, mais courte, terminée presque toujours par les trois syllabes *pitoré*, dont personne n'a pu me donner l'explication. A son appel, accourt un jeune Kanak qui, de provoqué, devient bientôt provocateur, s'empare de la main de la vierge, l'approche de ses lèvres, se jette à genoux, implore, supplie, pleure avec des sourires, rit avec des larmes, et semble se complaire à la résistance qu'on lui oppose.

L'amoureux éconduit, un second prend sa place, usurpée bientôt par un troisième, et toujours, toujours dès que le *pitoré* résonne, les autres personnages répondent par un *hé* plus ou moins prononcé, mais qui s'achève d'une façon brusque et bruyante comme un coup de foudre.

Ici le drame n'a pas besoin d'explication, toutes les intelligences le comprennent, il est diaphane comme la gaze la plus légère, et si quelque chose y manquait, la suite immédiate de la *houpa-houpa* ferait disparaitre ce qu'elle aurait laissé d'obscur.

J'avais vu ces jeux en 1819, jeux plus excentriques encore, puisque le seul vêtement des femmes d'alors était une couronne de fleurs et un collier de verroterie. Eh bien! la mode n'a pas changé, les joies courent ici comme par le passé, les femmes de douze ans sont aussi avancées que les fillettes de vingt, et je ne vois pas l'époque où aura lieu le bouleversement moral tant prédit par les missionnaires.

C'est qu'aussi, dès qu'un troupeau de Kanaks a résolu la *houpa-houpa*, rien ne pourra faire qu'elle n'ait pas lieu; la pluie tombe par torrents, le vent déracine les arbres, qu'importe? On danse au grincement de la rafale, on chante sous les flagellations de l'averse, le torrent monte sur le sol, la jeune Kanake monte avec le torrent, et la *houpa-houpa* poursuit sa course échevelée.

Sous le règne de M. Lavaud, ces danses étaient sévèrement interdites, les femmes des baies voisines n'avaient pas même le droit de venir se baigner aux flots bleus de Papéété; mais M. Bonard a permis les libertés présentes, et, à mon avis, il a bien fait.

La *houpa-houpa* ne mourra donc point à Taïti.

Des groupes plus ou moins nombreux de jeunes filles gisaient çà et là sur le gazon boueux, au pied des arbres ou sous les tables vides, et déjà la rade se tachetait de nombreuses pirogues remportant à Papéété les heureux de la fête. Le soleil nous regardait obliquement sans rien perdre de sa force, et je demandai un abri à mon guide dont je vous dois le nom tout éveillé : il s'appelle Ledanseur.

— Je vois à trente pas d'ici, me répondit-il, une charmante tonnelle où nous respirerons à notre aise, jusqu'à l'heure du départ; voulez-vous que je vous y conduise?

— Oui, si tu penses que nous y serons seuls; ces jeux, ces cris, ces chants, ces vociférations m'ont horriblement fatigué.

— Allons toujours, monsieur; mais je crains bien que nous ne puissions être seuls nulle part.

Ledanseur s'était trompé; il est impossible de se trouver plus seuls que nous ne le fûmes au milieu d'une trentaine de femmes au moins sur lesquelles vous pouviez hardiment piétiner sans les réveiller, sans leur faire pousser le plus léger cri de douleur. C'étaient des masses inertes, des corps virils et robustes que vous auriez roulés à loisir les uns contre les autres; c'étaient des robes en lambeaux, des cheveux en désordre, des poitrines nues, des bouches entr'ouvertes et globuleuses; c'étaient sans doute aussi des rêves bachiques, une ivresse nouvelle, un nouvel abrutissement.

— Ne peux-tu réveiller une de ces créatures? dis-je à Ledanseur, qui les regardait avec un sang-froid d'enfant du faubourg Saint-Antoine.

— C'est facile, monsieur, me répondit-il; vous croyez que mes gaillardes dorment, parce qu'elles ont bu? Du tout, vous n'y êtes pas, vous ne connaissez pas ces éponges, elles dorment parce qu'elles n'avaient plus de quoi boire.

— Tu le penses?

— Expérimentons, monsieur, et vous aurez de quoi prendre des notes. Je les connais presque toutes, commençons l'attaque. Holà! hé! debout, mes luronnes, se mit à crier d'une voix de stentor mon gai faubourien ; alerte, mes petites, la nuit s'avance, vos *tané* vous attendent à Papééte ; sur pied, mignonnes, ou vous arriverez trop tard, et vous recevrez demain votre raclée de tous les dimanches.

Rien ne répondit, pas même l'écho de la tonnelle, honteux, sans doute, de ce qui lui était confié.

— Eh bien ! dis-je à Ledanseur, tu avais mal jugé ces pauvres filles.

— Ça prouve, monsieur, me répondit-il, que vous me jugez mal vous-même ; j'étais certain que pas une de ces intéressantes souches ne se dresserait aux accents de ma voix, mais vous allez fixer votre opinion. Marquez le pas seulement pendant cinq minutes, six au plus, et vous roulerez ensuite le crayon sur votre calepin.

Ledanseur disparut, et revint quelques instants après avec deux verres et deux bouteilles de vin. Mon drôle pose à terre les deux verres apportés, et, de son couteau ouvert, les fait résonner par un léger roulement.

La pile de Volta ne produit pas d'effets plus prompts ; toutes les filles se trouvèrent debout, les yeux hagards, les bras tendus, et je ne vis qu'un moyen de les rendre à leur sommeil de brute. Je demandai les deux bouteilles à Ledanseur, comme si j'allais les faire vider par portions égales aux bacchantes insatiables; et, par par la maladresse d'un choc adroitement donné, le contenant livra un large passage au contenu, qui rougit le sol. Dieu sait les imprécations dont je fus accablé :

— Que le Ciel t'empêche de boire ! *Matapa* de malheur ! s'écrièrent les Euménides, en me poussant hors de la tonnelle.

Et elles retombèrent de tout leur poids, tête contre torse, épaule contre pied, joue contre... que sais-je ? moi...

— La farce est jouée, me dit Ledanseur d'un ton triomphant, quatre francs ont fait l'affaire, et vous ont donné une leçon d'histoire et de morale; voilà ce qu'on appelle une femme kanake, M. Arago. Cela, voyez-vous, poursuivit-il avec la même énergie, cela pompe à faire honte à un caporal suisse, à un sergent polonais; cela prend du vin comme un soulier de chiffonnier aspire l'eau; cela s'emplit toujours, cela ne se vide jamais.

— Cependant, mon garçon, il y a un terme à tout.

— Excepté à la boisson du Kanak, me répondit Ledanseur d'un ton qui ne voulait point de réplique.

Cependant il fallait songer à la retraite; le gouverneur était là, près de moi; je lui dis bonjour et adieu, j'en reçus en échange un adieu, et il me témoigna le regret de ne pouvoir me prendre dans sa baleinière.

— Ça, voyez-vous, me dit mon compagnon goguenard, c'est une frime qui ne vaut pas deux sous; il n'a dans sa baleinière que quatre nageurs, son épouse, son mioche, puis la mauvaise petite bonne que nous appelons *Jupiter*. Mais voici qu'on grée le canot, dans lequel les officiers de *la Thisbé* vous ont gardé une place. Admirez pour la dernière fois et partons.

Le coup d'œil doit être ravissant! C'est un carnaval avec toutes ses extravagances, c'est un mardi gras avec toutes ses folies, c'est le délire, c'est Callot en goguettes.

Quant aux femmes, leurs plus riches tapas les voilaient à peine, et quels tapas! des mousselines coûteuses, de riches soieries, des couronnes ravissantes; oui, sans doute, c'était bizarre pour un regard européen, mais une bizarrerie poétique; il y avait du bon goût dans ce mauvais goût; il y avait une parfaite harmonie dans les costumes des districts et une plus grande harmonie encore dans la joie des physionomies. Voici des tuniques jaunes avec des triangles colorés sur la poitrine et une rosace au milieu; en voici de bleues avec des écharpes rouges entourant le corps comme un serpent tout bariolé; voici des chapeaux de *pia*, plus coquets encore que les couronnes et placés sur un des côtés de la tête avec un genre tout provocateur. Chaque district a son cri de ralliement, et quand le signal est donné, les groupes se forment bruyants, animés, pleins d'entrain ; puis, sur un geste, sur une intonation, l'essaim se sépare, bondit, chevauche, et, quelques instants après, pas une de ces filles n'est seule, pas une d'elles ne se promène sans un *tané* au bras, sans une ivresse au cœur... Remarquez bien que je ne vous parle que de l'élite des jeunes Taïtiennes, celles qu'on avoue, celles dont on tire vanité, les plus dangereuses, les plus usurpatrices de l'endroit. Les autres sont comme partout chez nous : il y a de la joie aussi parmi elles, mais quelle joie ! on s'en éloigne comme d'une douleur.

Mon Ledanseur riait toujours et je comprenais sa gaieté en présence du tableau mouvant qui se déroulait à ses yeux.

— Ce qu'il y a de plus *cocasse* en tout ceci, monsieur, me dit-il dans son langage de soldat, ce ne sont pas les arlequinades que je vous ai contées, c'est la majesté de ceux qui se sont affublés de ces guenilles toutes neuves. Vous diriez des empereurs dans leurs parcs bien sablés. Vous jureriez des Franconi à califourchon sur leurs quadrupèdes, vous diriez de véritables gardes champêtres à l'entrée d'un bois, ou de vrais suisses à la porte d'une cathédrale. Parole d'honneur, je gagerais toutes mes économies contre un cancrelat que ces criquets se croient des géants ; voulez-vous que j'en essaye ?

— Quel est ton projet ?

— La gaudriole vient en causant. Je parle assez proprement le dictionnaire kanak ; si vous voulez, je vais entamer un dialogue avec un de ces princes ; ça vous va-t-il ? Tenez, voici un chef qui se dandine, encore à peu près debout ; je vas faire la causette et lui demander des nouvelles de sa famille... *Iaorana, Tarini.*

— *Iaorana, Letatore.*

— Vous voyez comme ce gredin-là estropie mon nom ; mais je lui fais grâce... Dis donc, mon chéri, comment va ta femme ?

— Elle ne va pas du tout, le *namou* l'a terrassée.

— *Namou*, M. Arago, se prononce en français eau-de-vie... Et ta fille aînée ? poursuivit Ledanseur.

— Le *namou* l'a terrassée.

— Et ta cadette ?

— Le *namou* l'a terrassée.

— Et tes cousins ?

— Le *namou* les a terrassés.

— Et ta mère ?

— Toujours le *namou*.

— Ainsi donc te voilà seul debout?

— Ce n'est pas ma faute, le *namou* m'a manqué.

— Partiras-tu seul pour Papéété? Laisseras-tu seules ici tes sœurs, tes cousines, ta femme et ta mère?

— Veux-tu que je les emporte sur mes épaules?

— Et s'il leur arrive malheur?

— Le malheur est arrivé, elles n'ont plus de *namou*.

Un chef, en magnifique costume d'ambassadeur turc, parlait ainsi; jugez du langage de ceux qui n'avaient ni galons ni broderies sur leurs vêtements, et dont la langue pouvait encore articuler quelques syllabes.

Le canot allait pousser au large; nous partîmes, emmenant avec nous une jeune fille protégée par un officier de *la Thisbé*, et la gracieuse amie de cette Kanake, âgée de douze ans au plus, et à qui vous en auriez donné vingt au moins en ce moment.

TAITI. — LES REPAS. — LA MUSIQUE.

— Le cochon est un animal bien nommé. — Sans cochon point de fête. — Comment on le cuit. — On mange à toutes heures. — Les demoiselles sobres dix-huit heures sur vingt-quatre — Le maioré. — Prière de la belle Touané. — Les fourchettes du père Adam. — Sanglants repas des Nouhiviens. — Préparatifs affreux. — Chants de mort. — Quel est l'instrument favori des musiciens de Taiti, des Marquises et des Navigateurs ?

Une dame fort spirituelle disait naïvement un jour, à l'aspect d'un quadrupède toujours vêtu de soies : « On a bien fait d'appeler ce vilain animal *un cochon*, voyez comme il est sale ! »

Le cochon, ici, aux Gambiers, aux Sandwich, aux Mariannes, aux Salomon, c'est la fortune vivante du pays, et l'Européen y mange du potage au cochon, des légumes au cochon, des maïorés au cochon, des bananes au cochon ; sans cochon point de luxe possible, point de fête, point de houpa-houpa ; sans cochon point de chef, point de grand prêtre, point de joie à la case.

Chez nous, pour faire un civet, il faut d'abord un lièvre ; pour faire une omelette, il faut avant tout des œufs, à moins qu'on ne la fasse au lard.

comme disait la servante de Normandie ; ici, pour un civet, pour un gâteau, pour un pâté, il faut essentiellement un cochon.

Un habile cordon-bleu de France, n'ayant que du cochon à son office, parviendra souvent, à l'aide d'un peu de vinaigre, d'un peu de cannelle, d'un peu de vanille et d'un zeste de citron, à vous persuader qu'il vous sert un canard aux navets, des perdreaux à la catalane ou même du cochon. Mais ici, dans tout cet immense océan, où jamais on n'a rien mangé à une sauce quelconque, le cochon ressemble au cochon, rien qu'au cochon : voulez-vous savoir comment les sauvages le préparent? c'est simple comme bonjour.

Voici la victime, voici les sacrificateurs ; la première sans couronne au front, étendue sur une large feuille de bananier ; les autres accroupis sur leurs talons, activant de leur souffle un brasier, allumé au fond d'un trou de deux pieds de profondeur. L'opération dure longtemps, aussi deux heures se sont-elles écoulées déjà que la couche du Guatimozin soyeux n'est pas encore prête. Ces préparatifs achevés, hommes ou femmes s'emparent du porc, — ce mot n'est guère plus doux que l'autre, — le roulent mort ou vivant dans la feuille de bananier, le pressent, l'emmaillottent, le ficellent, comme on le faisait jadis des rois égyptiens, et le plongent dans le four ;

puis, on jette de nouvelles pierres rouges, puis encore du sable, puis des feuilles de bananier, on comble la fosse, on piétine dessus, les intestins se racornissent, la peau se crevasse, un mets succulent se prépare. Le cochon cuit de la sorte est délicieux.

Presque point de prairies, même artificielles, dans tout cet archipel si rayonnant, aussi point de bœufs, point de moutons ; quelques-uns errent çà et là dans la vallée, mais ils sont sans vigueur pendant leur vie et sans saveur après leur mort ; ce n'est pas pour les Kanaks que cette observation tombe sur ce papier, car ils aiment bien mieux un morceau de maïoré qu'une côtelette de mouton. Il est fort rare également que vous les voyiez se livrer à l'exercice de la pêche, à moins que ce ne soit pour se promener dans leurs pirogues, étaler leur adresse et varier leurs plaisirs. Je ne crois pas que le plus gourmand des Kanaks de Taïti ou des Marquises sache distinguer au goût une anguille d'une bonite ou une dorade d'un homard. Ce n'est pas la table ou la course qui tuera ce peuple, mais sa natte et sa vie horizontale.

Les Kanaks n'ont point d'heures pour leurs repas, leur appétit est insatiable ; j'ai parfaitement étudié Oiti, Touané, Péo, Metoua, les jeunes filles les plus sobres de Papééte ; eh bien, elles mangent dix-huit heures sur vingt-quatre.

Le maïoré se prépare de la manière suivante. Le Kanak sans pareo aux jambes, sans chemise sur ses épaules, mais avec une ceinture aux reins, escalade l'arbre dont vous ni vous, gamin ou matelot, n'atteindriez jamais le sommet; il est là sur la branche, à côté du fruit qu'il sonde à petits coups du revers de la main; dès que la note lui dit que le fruit est mûr, il l'arrache, le jette sur le sol et descend presque aussi vite que lui...

Voici le maïoré, d'un volume égal à celui du melon; son enveloppe est verte et raboteuse; dans l'intérieur, en guise de noyau, vous trouvez une sorte de filasse qu'on ne se donne pas la peine d'arracher. Le Kanak le coupe en deux après l'avoir gratté à l'aide d'un coquillage tranchant en guise de couteau; on le jette dans un four à peu près semblable à celui où l'on fait cuire le cochon: ce sont encore des pierres brûlantes, puis la feuille de bananier protectrice, des poignées de sable étouffent tout cela, et l'opération dure une heure à peu près. Tout le monde ici est fou du maïoré, les Européens ne tardent pas à s'y habituer, quelques-uns même le préfèrent au pain.

Quant à la boisson du Kanak, c'est l'eau; il n'avale communément que de l'eau ou du coco pendant ses repas; mais s'il est parvenu à se procurer du *namou*, c'est-à-dire de l'eau-de-vie européenne, de l'ava ou du vin, oh! alors, soyez certain que l'homme devient brute, la femme bête féroce.

Oiti, Touané, Péo, Metoua, je vous ai dit un jour que je dénoncerais au monde votre hideuse passion pour les liqueurs enivrantes, je tiens ma parole.

— Pries-tu ton Dieu? demandai-je hier à Touané, revenue à peine d'un long engourdissement.

— Plutôt deux fois qu'une, me répondit-elle d'une voix avinée.

— Qu'implores-tu de lui?

— Qu'il me donne autant de maïore que je pourrais en manger.

— Et sans doute autant d'eau-de-vie que tu pourrais en boire?

— Non, beaucoup plus. Cependant, ajouta Touané après un instant de réflexion, la vie c'est encore le sommeil, le bain et l'amour.

— Qu'est-ce que l'amour, ma petite?

— C'est le changement, la variété.

O ma pauvre Touané, tu dépoétises tes petites mains, tes beaux cheveux, ta plage et ta case si tranquille! Je t'en veux de tes confidences.

Le Kanak est plus que nous pour la jeune fille du pays, et vous voyez demain sur les épaules d'un drôle de seize ans l'élégante tapa dont vous aviez fait cadeau hier à la jeune fille de douze.

Le Kanak mange-t-il au moins avec propreté? Non, il mange comme s'il craignait de n'en avoir pas assez pour son appétit. Point de vaisselle, point de fourchette, point de nappe, si ce n'est la feuille de bananier dont je vous ai déjà parlé; la main, je me trompe, les mains, voilà tous les ustensiles de ménage, chacun puise à la même source, et vous comprenez que la propreté des ongles occupe tous les habitants de cet archipel.

Les contrastes pavent le monde. Changeons de sujet sans presque changer de pays, et disons les sanglants repas des Nouhiviens.

La bataille est le prélude de l'horrible festin Mohana est resté maître du terrain; son ennemi est là, garrotté à ses pieds, la rage à l'âme, attendant son sort, mais ne demandant ni grâce ni merci. Le repas aura lieu, non pas aujourd'hui, non pas demain, les heures courent trop vite et l'agonie doit être longue. Il faut d'ailleurs que le vaincu reprenne ses forces épuisées, afin qu'il lutte plus énergiquement contre les supplices; il le sait si bien qu'il ordonne lui-même sa nourriture, désignant les mets dont il est le plus friand.

Le jour est venu, voici le brave, le héros, le martyr; le vaincu. Ce n'est pas le vainqueur qui lui porte le premier coup, ce n'est pas le chef, non, c'est le plus infime des guerriers qui lui déchire la peau, lui arrache les ongles, lui taillade le front et lui crève les yeux en entonnant un chant de triomphe. A ces déchirements, à ces blessures faites par le glaive et la parole, la victime répond par les menaces et le mépris... J'écris l'histoire d'hier, d'aujourd'hui et de demain. Il chante aussi, lui, il chante son hymne de mort, quand la vie s'échappe par mille ouvertures, quand elle en est à son dernier battement; une imprécation terrible, une menace pour l'avenir du vainqueur dit qu'on va commencer le festin.

Fait-on cuire le héros déchiqueté? Le plonge-t-on emmailloté dans le four aux galets brûlants? Lui donne-t-on la feuille de bananier pour dernier linceul?... Gardez-vous de le croire, de tels honneurs ne sont réservés qu'au cochon, les chefs vaincus n'en jouissent point; chacun en saisit un lambeau, chacun mâche à sa guise; mais la tête, mais les yeux, mais la langue, morceaux délicats, comme vous savez, appartiennent de droit au chef, et vous ne pourriez vous imaginer avec quel bonheur il vide la boîte osseuse de son ennemi pour ne rien laisser aux autres de la friande cervelle, que nul, au reste, n'oserait lui disputer.

Ces choses-là ont lieu en l'an de grâce 1851, dans une île, dans un archipel où flotte notre pavillon national, où se promènent des missionnaires catholiques, où nous avons élevé des forts, où nous n'aurions qu'à envoyer quelques centaines d'hommes éprouvés, qui diraient aux chefs d'une voix brève : « Ou nous vous exterminerons, ou vous ne vous nourrirez plus de chair humaine. »

Ne vous ai-je pas promis, en tête de ce chapitre, quelques mots sur la musique de ce peuple si curieux à étudier? Je tiens ma parole. Lorsque, pour la première fois, je visitai les archipels de l'Océanie, je remarquai que le chant, exécuté sur trois notes plus ou moins précipitées, n'était autre chose qu'un délassement, un récit avec modulations, une distraction ajoutée à un travail. Aujourd'hui le progrès se fait sentir, la mélodie est la même, régulière, monotone, mais l'harmonie s'est fait jour à travers les forêts, les montagnes et les flots, et voilà que vous écoutez avec bonheur les rhythmes échappés des cases du rivage ou de la vallée. D'abord une voix, puis toutes ; d'abord une sorte de provocation, puis la riposte, non pas à l'unisson comme jadis, mais en tierce, en quinte et d'une justesse merveilleuse. Il y a dans tout cela un charme indéfinissable, vous écoutez par tous vos sens et vous ne reprenez votre promenade que lorsque le sommeil a fait taire les voix.

Et maintenant, je vous le donne en dix, en cent, en mille : quel est l'instrument favori des Kanaks de Taïti, des Marquises et des Navigateurs? Le tambour, le piano, la trompette, la grosse caisse, l'octavin? Non. La flûte, la clarinette, le trombone, le hautbois? Non. La guitare, le chapeau chinois, le violon?... Vous n'y êtes pas... C'est la guimbarde, la guimbarde, la guimbarde; il est des choses qu'il faut répéter souvent, afin qu'on ne les révoque pas en doute. La guimbarde, ce ridicule morceau de fer taillé en lyre et coupé en deux par une petite languette d'acier très-mince; voilà l'instrument aimé des Kanaks, et j'étais toujours prêt à me mettre en colère à l'aspect d'une de ces grandes et belles filles, cheminant à pas lents et aspirant, les yeux demi-clos, les imperceptibles vibrations de sa guimbarde favorite.

Le second instrument de ces joyeuses virtuoses, ce sont les mains qui, plus ou moins ouvertes dans leur choc, rendent des notes plus ou moins sonores.

UNE NUIT DE TAITI.

— Les nuits à Taïti. — Jusqu'où va l'hospitalité. — N'oubliez pas votre moustiquaire. —

Salut à la nuit de Taïti! toute nuit de Taïti est un bienfait.

A Taïti, on sent que l'on dort; chez nous, on devine seulement que l'on va dormir; à Taïti, l'horloge de la vie est régulière; à chacun une part égale, celui-ci n'usurpe point la place de l'autre, nul ne mendie la ration du voisin : le coco, l'orange, la banane, l'évi, le maïoré, appartiennent à tous; celui qui a le plus d'appétit est le plus riche, il possède davantage, et la nuit ne peut l'appauvrir.

Les ténèbres vous ont surpris, vous, Européens, loin de cette admirable rade de Papéété, où flotte notre pavillon protecteur; regardez à droite, à gauche : voici une case ouverte, entrez, couchez-vous sur cette natte où repose une jeune fille, où sommeille une jeune femme; au matin tout ce monde se réveille, la femme sans effroi, la fille sans regret, le mari, le père sans colère, sans jalousie : — *Iaorana!* vous disent-ils; en souriant, répondez : *Iaorana!* Désormais, vous savez le chemin de l'habitation, vous y serez toujours bien accueilli, à moins que la place ne soit usurpée par un piéton qui, cette nuit, comme vous se sera perdu dans les vallées de l'île.

Un des bienfaits dont Taïti est doté, c'est que nul serpent, nul insecte venimeux, ne vient attrister les nuits ! Couchez-vous là ou là, sur les crêtes des montagnes ou au fond des vallées, vous n'avez rien à craindre : vous n'éveillez ni le lézard des Papous, ni l'araignée velue du Brésil, ni le jaguar du Paraguay, ni le tigre du Bengale, ni le serpent à sonnettes de la Bolivie, ni le crocodile de la Malaisie, ni le boa constrictor des îles Malaises. Ne craignez pas le venin du mille-pieds, qui se promène là, sous l'herbe ; si sa morsure était mortelle, celui qui trace ces lignes ne chercherait pas à vous rassurer aujourd'hui, lui qui vit dans le dégoût de tout ce qui rampe. J'ai demandé à vingt-cinq fillettes, au moins, de Papééte, si elles rêvaient souvent la nuit, et quelle était la nature de leurs rêves.

— Nous ne rêvons jamais, m'ont-elles toutes répondu.

— Et toi, dis-je à Oïti, la plus jolie, la plus espiègle, de l'aveu même de ses compagnes, ne t'arrive-t-il pas de rêver quelquefois ?

— A quoi bon ? fit-elle en souriant et en sautant à califourchon sur mes épaules.

— Et à ton mari, tu n'y songes pas?

— Je n'ai pas de mari.

— Et à ton amant?

— Je n'y songe guère.

— Mais, s'il te trompe, s'il t'afflige?

— Je l'afflige à mon tour et nous sommes quittes.

Vous comprenez qu'on n'a nulle inquiétude, dans la case, quand la jeune fille n'y rentre pas la nuit, et que lorsqu'elle s'y montre de nouveau, on ne lui demande pas si elle a mangé beaucoup de bananes : le tapa qu'elle porte prouve assez qu'elle n'a point vécu dans l'abstinence.

Et maintenant que vous connaissez à peu près les nuits de Taïti, maintenant que vous êtes rassuré, que vous vivez dans le mépris du lion, du jaguar, du crocodile, ne comptez pas trop cependant sur un repos sans douleur, car vous trouvez là des légions immenses de fourmis noires et rouges, de cancrelats roux et blancs, de mouches silencieuses ou bourdonnantes, de maringouins à l'aiguillon pénétrant, de telle sorte que, sans moustiquaire, votre nuit est un combat contre le monde grignotant, rongeant, bourdonnant, piquant, suçant, dont je viens de vous parler.

Mais avec une moustiquaire bien close, vous riez des impatiences, des colères de cette impuissante armée, que vous bravez sans peur,

COMPLÉMENT. — UN PEU DE TOUT.

comme le font, contre les balles, les soldats d'une citadelle casematée.

COMPLÉMENT. — UN PEU DE TOUT.

— Comment les kanaks prient en famille. — Comment ils fument. — Comment ils parlent. — Exemple unique de jalousie. — La prison. — M. Nicolas. — Les pieds des Taïtiennes. — A quel âge les enfants deviennent utiles. — Les deux pentes. — Les périphrases à Taïti. — Aplatissement systématique de l'occiput. — Où les Taïtiens portent leur honnêteté. — D'où chacun tire son nom. — Le nom change quand l'amant change. — Les kanaks pleurent à volonté. — Le tayo. — En quoi il diffère de l'ami. — Égards qu'on a pour certains insectes. — Qu'est-ce qu'une jeune fille à Taïti? — Lettres des femmes à leur tané. — Mémoire des Taïtiennes.

La famille kanake fait sa prière du matin et du soir; le plus vieux de la case se lève, récite ce que lui ont appris les missionnaires anglicans, les autres bourdonnent des versets en chœur; on s'étend, on ronfle, et les heures glissent sur des fronts sans rêves, jusqu'à ce que le soleil revienne réveiller la famille appelée aux paisibles joies de chaque jour.

Toute femme ou fille ou enfant fume à Taïti; le tabac américain, arrivant ici en tablettes, est le plus apprécié, quoiqu'on l'affaiblisse avant de l'aspirer : ce sont de petites feuilles juteuses, serrées, superposées, qu'on approche de la flamme, et qu'on emprisonne plus tard dans une pellicule de feuille de pandanus. Chacun des assistants en fume une douzaine de gorgées au plus, puis passe la cigarette à la bouche la plus voisine, et ainsi de suite, jusqu'à ce que toute la communauté ait reçu sa ration. Je vous l'ai dit, tout se partage à Taïti : plaisirs, besoins, nattes, sommeil et caresses. Ô communisme, nous viendrais-tu des pays sauvages?

On ne dit pas, à Taïti, que le chien aboie, que le chat miaule, que le lion, le loup, l'âne, rugit, hurle ou brait ; on dit que les animaux *parlent*.

La jeune fille kanake cherche un cœur de Kanak, mais elle vous dira *Iaorana* pour une tapa belle ou laide, et vous répondra *Aïta*, si vous lui offrez votre existence, votre amour, votre âme. *Aïta*, c'est-à-dire non, vous m'ennuyez, allez vous promener.

— Où iras-tu, après ta mort? dis-je à Touané, qui achevait sa prière.

— Avec la reine Pomaré.

— Mais, si tu meurs avant elle?

— Eh bien! j'irai l'attendre là-haut.

N'êtes-vous pas convaincu, comme moi, que nous sommes un fléau pour ce bon peuple?

Le parler du Kanak est un balancement perpétuel, si l'on peut s'exprimer ainsi ; deux syllabes répétées courent dans toutes les phrases : un *ma teata meama dé dé mama*.

Vous croyez voir arriver souvent le même mot pour exprimer une pensée différente, l'intonation vous déroute ou vous guide.

Un seul crime... je me trompe, un seul meurtre, depuis dix ans, a ensanglanté l'archipel : un mari trompait sa femme. Y croira-t-on, en Europe? Celle-ci s'arme d'une hache, et, d'un seul coup, elle fend le crâne du coupable, qui dormait, et qui meurt à l'instant même.

La justice se saisit de l'affaire, et la malheureuse est condamnée à se voir tatouer, sur la figure, le mot *meurtrière*; une partie des lettres est sur une pommette, et l'autre du côté opposé : le nez coupe la sentence en deux.

A l'heure où j'écris, 17 mai 1850, il y a une prison à Papéété; mais M. Nicolaï, commandant des troupes, et conteur véridique fort spirituel, m'assure qu'un seul coup d'épaule d'un détenu d'une vigueur peu herculéenne est capable d'ébranler l'édifice et de le crevasser de toutes parts, de sorte que les murs sont des portes ou des fenêtres selon la hauteur où est placé le condamné qui entre et sort comme chez lui. M. Nicolaï proposait hier sérieusement à M. Bonard de faire bâtir une prison, pour emprisonner celle qui subsiste, comme complice des fugitifs.

Le conseil colonial s'en préoccupe, et M. Nicolaï a bien mérité de la morale et de la patrie.

A vingt ans, une Taïtienne aurait besoin d'un corset.

Mais à douze ans, même parfois à dix, la fille de Taïti peut servir de modèle à la plus habile corsetière du monde : tout cela est gracieux et beau comme la Niobé.

Je vous défie de courir aussi vite sur les coraux aigus que la Taïtienne, quelque épaisse que soit la semelle de vos souliers. La jeune fille bondit là comme sur le sable le plus fin, et vous ne lisez aucune douleur sur la figure de l'Atalante. Au reste, ses pieds n'ont pas la délicatesse de ses mains ; et les Marquises, à cet égard, l'emportent de beaucoup sur l'Archipel de la Société.

Je vous ai dit tout à l'heure que deux syllabes pareilles couraient souvent l'une après l'autre, dans une phrase taïtienne ; voici une singularité plus étrange encore :

On ne dit jamais : un chien, une chienne, un cheval, une jument, un bouc, une chèvre ; mais bien : un chien mâle et un chien femelle, un cheval mâle et un cheval femelle, ainsi de suite.

Jamais vous ne trouverez deux consonnes à côté l'une de l'autre ; l'idiome de ces insulaires semble s'opposer à ce qu'ils les prononcent. Ainsi je n'ai pu obtenir de la langue la plus déliée du pays, qu'elle articulât convenablement : *brave, cyclope, cruche :* la plus habile dit : *beravi, tytcope, teruche.* La plus érudite fillette de Papéété, celle qui étudie le mieux les Européens, ne pourra jamais prononcer ce dernier mot : par exemple, elle se décrocherait la mâchoire, plutôt que de dire *enfant.* Toute consonne lui est interdite à la fin des mots : le *g.* l's. leur sont également défendus de par la gorge ! Dieu le père n'a pas pu leur en apprendre davantage.

La périphrase est un des plus riches priviléges de la langue taïtienne.

Un cheval se traduit ainsi : animal courant vite sur la terre : *Puoa horo fonua.*

— Où vas-tu ? — En haut, en bas, c'est-à-dire du côté du levant ou du couchant... C'est de la poésie.

Le mot le plus court de la langue signifie cela ou cela, selon l'aspiration : ainsi, *hoe* veut dire indifféremment sobre, boyau, bonbon, roi, et vingt autres choses opposées. Le gosier fait tout.

Jamais on n'a vu bégayer un Kanak...

Garder à l'enfant les formes que la nature lui donne n'est pas une maxime adoptée dans cet archipel. Dès qu'on naît, le père ou l'ami presse la boîte osseuse du nouveau venu, aplatissant surtout l'occiput, et fait de sa tête quelque chose de difforme et de disgracieux qu'ils trouvent admirable. L'Apollon et la Vénus de Médicis ne seraient pas du goût des Taïtiens.

N'essayez pas de démontrer à une femme kanake qu'on est fort mal venu de cracher dans un appartement, elle croira que vous vous moquez d'elle et inondera votre salon ou votre chambre à coucher, pour vous prouver qu'elle n'est pas une sotte. Que d'esprit !

Une des monstruosités les plus périlleuses à signaler, c'est l'inconcevable cynisme des mères de famille disant devant leurs jeunes filles les choses les plus honteuses et leur offrant nuit et jour le hideux tableau de leur dégradation morale...

Le premier soin de la fille qui tombe est de se glorifier de sa chute... On n'est pas encore si vaniteux chez nous.

La jeune Kanake qui partage exactement avec sa mère le prix qu'elle a reçu de ce qu'on appelle chez nous une faute est réputée honnête parmi les plus honnêtes.

On donne presque toujours ici aux enfants un nom disant une de leurs qualités physiques ou une de leurs imperfections, ou plus souvent encore un des événements de leur vie. Ainsi, une jeune fille qui, dans une maladie, demandait continuellement de l'eau, s'appelle maintenant *Ani-*

vai, demander l'eau. Un Kanak qui avait une difformité au genou, prit le nom de *Moïturi*, mal au genou. Un autre, qu'une maladie avait mis à l'extrémité et qui s'était guéri contre toute espérance, s'appelle *Moïkito*, arraché au mal. Une jeune Kanake qui, contre l'habitude des enfants, ne pleura pas dans une maladie affreuse, s'appelle *Ataïoré*, sans pleurs.

La Taïtienne a l'habitude de changer de nom en changeant de conquête ou de vainqueur. J'ai connu quelques jeunes filles de quatorze ans qui s'étaient débaptisées douze ou quinze fois au moins, et qui allaient toujours de l'avant.

Les physiologistes les plus habiles expliqueront-ils cette singularité? Deux Kanaks qui ne s'étaient pas vus depuis longtemps se rencontrent sur la route, ils vont l'un à l'autre, se serrent la main en silence, puis se retournent et pleurent à chaudes larmes; à un instant donné, les larmes cessent et les rires commencent.

— Pourquoi pleures-tu ainsi? demandai-je un jour à un Kanak réduit à l'état de fontaine.

— Parce que je pensais à un ami mort.

— Et pourquoi ris-tu maintenant?

— Parce que je ne pense plus à l'ami mort...

— Pourquoi donc, ai-je demandé ce matin à Tahioré, pourquoi donc avez-vous aboli presque tous les *tabous* à Taïti?

— Pour ne pas les violer, m'a-t-elle répondu en sautillant.

Croyez à ce que je vais vous dire, quelque fabuleux que cela vous paraisse. A Taïti, si vous êtes l'époux de Touané, de Ocou, d'Éva, d'Oïti, pariez mille contre un que vous serez l'époux des sœurs, des cousines et même de la mère, pour peu que vous en témoigniez le désir.

La Taïtienne méprise la Nouhivienne, qui le lui rend avec usure. Si l'aristocratie des petites mains l'emporte, les Marquises seront toujours Marquises.

Le tayo, toujours si fort en honneur aux Marquises et aux Navigateurs, n'est plus, à Taïti, que dans le souvenir des vieillards. Ici *tayo* veut dire ami, comme à Paris, à Berlin ou à Londres; ami, c'est-à-dire chapeau, chaise, trottoir; ami, c'est-à-dire connaissance d'un jour, d'une année, serrements de main avec des gants, courtoisie de la parole, trahison de cœur; ami, c'est-à-dire trois lettres, un mot vide de sens et jamais une chose sérieuse... Bonjour, mon ami, c'est-à-dire bonjour, toi, lui, vous, le nouveau, l'ancien, bonjour tout le monde.

Mais à Nouhiva, aux Marquises, aux Navigateurs, quelquefois même aux Fitgi, sol peuplé par des hommes farouches et dépeuplé par l'anthropophagie, ami, tayo, veut dire dévouement de tous les jours, tendresse de toutes les heures, loyauté, franchise, abnégation de soi-même ; tayo, c'est-à-dire moi, toi, deux en un mot seul.

Tu es mon tayo, dit le sauvage, donc prends ma case, mon maïoré, mes armes, ma femme, ma fille, tout cela est à toi bien plus qu'à moi.

Tu es mon tayo, donc tu n'as rien à craindre de tes ennemis, à moins qu'ils ne m'aient foulé aux pieds, qu'ils ne m'aient coupé la tête, mâché tous mes membres.

Aux Marquises, le tayo est l'hôte sacré de la demeure, le dieu protecteur et le dieu protégé, le maître, le dominateur, le grand prêtre.

Trois fois malheur au tayo qui tromperait son tayo, qui volerait son tayo, qui ne lui donnerait pas ce qu'il a de plus précieux au monde !

Il est des choses qu'on ne raconte qu'avec dégoût, et dont il faut cependant parler, quand on veut compléter une œuvre sérieuse. Essayons de les dire.

La Pologne en est inondée ; les bohémiens les charrient d'un pôle à l'autre. Nos villages pauvres du midi de la France en sont infestés. L'Italie, mais la Sicile surtout, les nourrissent par myriades innombrables ; les Espagnols s'en glorifient comme d'une conquête ; au Chili, au Pérou, en Bolivie, on ne leur déclare qu'une guerre assez tiède.

Les seuls habitants de la terre des Papous seraient fâchés d'en déshériter leur monstrueux échafaudage capillaire. Partout, vous le voyez, ils sont traités avec assez d'égards. Aux Marquises, on les saisit entre le pouce et l'index et on les croque des dents.

Tu n'as pas de goût, m'a dit une petite fille que je repoussais de la main à cette confidence ; ça me distrait, m'a dit une seconde : ça m'occupe, m'a dit une troisième ; ça est de la famille, m'a dit une quatrième.

La propreté est une demi-vertu, a dit saint Augustin ; mais qui a jamais entendu parler de saint Augustin dans les îles Marquises ?

Ce qui me surprend, avant toute chose ici, c'est l'attachement presque féroce des étrangers pour leur *whine*, dès qu'une fois ils ont pris l'habitude de vivre avec elles.

Je vous citerai vingt jeunes gens de bonne famille, d'intelligence, de cœur et d'avenir, qui ont souvent balancé entre leur patrie et ces vierges folles. Et il ne me serait pas difficile de tracer en ce moment les noms de bien des officiers et administrateurs qui ont sacrifié leur avancement aux menteuses caresses des coquettes de Papéété.

Qu'est-ce pourtant qu'une fille de Taïti pour le statuaire et le moraliste? Des cheveux en désordre, mais pittoresquement noués, j'en conviens, un teint de chocolat, des yeux assez chauds, un front peu large, des mains et des bras très-passables, une gorge mignonne, de larges pieds, un organe souvent limpide, une démarche alourdie, pareille à celle d'une gabare au roulis, de hautes épaules carrées, et des flancs d'une largeur mythologique. Tout cela serait un homme au premier aspect, sans les deux globes qui parent la poitrine, et sans les tapas de mousseline dont la mission est de cacher ce qu'elles se plaisent à étaler au grand jour.

Jamais une lettre de femme à son *tané* ne commence que par cette phrase : *Iaorana oe ité a toua mou teïe taou parau ité iaoé*. Que tu sois sauvé par le vrai Dieu, voici ma parole à toi. Jamais elle ne finit que par celle-ci : *A horoa moa oe ote thai iti iou*. Envoie-moi une piastre.

J'avoue cependant que j'ai été témoin d'une exception, cette fois en faveur d'un de mes amis. La première phrase était religieusement observée ; mais les dernières lignes avaient subi une modification, et disaient : *A horoa moa iti mou maha tara iau*. Envoie-moi quatre piastres, à moins que tu ne veuilles m'en envoyer six.

La joie de mon ami fut grande à cette nouvelle, mais je n'en compris la cause que le lendemain, en entendant la charmante Oïné, au bras d'un aspirant, lui proposer une partie de promenade autour des coraux.

Qu'Oïné soit heureuse. Sa jeune conquête n'est pas homme à lui refuser la promesse de cinquante piastres ; s'il lui en donne une seule, c'est qu'il aura changé de principes.

Une des précieuses facultés de ce peuple si curieux à observer, c'est l'admirable mémoire dont il a été doté par le Créateur. Dès qu'un Kanak veut apprendre par cœur prose ou vers, idiome espagnol ou français, langoureuse romance ou chant belliqueux, on est sûr que tout se case dans sa tête en dix fois moins de temps qu'il ne vous en faut à vous, riche encore de vos triomphes classiques.

A Taïti, et dans l'archipel de la Société, il n'est pas rare de voir un Kanak ou une Kanake capable de réciter toutes les prières de l'Église et la sainte Bible, d'un bout à l'autre, mieux que vous ne le feriez de votre *Pater*.

Cette faculté grandit encore quand le Kanak veut imprégner son cerveau de ces mots équivoques, de ces expressions de taverne, de ces syllabes avinées qui s'échappent des mauvais lieux ou de la poitrine des matelots abrutis.

BRÉSIL.

— Le Brésil. — Le géant couché. — Les forts Lage et Villegagnon. — Notre-Dame-de-Bon-Voyage. — La Gloria. — L'île das Cobras, dos Ratos, Botafogo, et l'île do Gobernador. — Le chant des noirs. — Les papillons. — Les oiseaux-mouches. — Mon beau Brésil. — M. Taunay notre consul. — M. de Saint-Georges. — Rues, trottoirs, equipages. — Un ours. — Des Français partout. — Paris à Rio. — Cassemajou. — Les journaux. — Madame Fournel, corsetière. — Mon maître de flûte. — Hôtel de la Bourse. — Couvent d'Ajuda et de Sainte-Thérèse. — Le magnifique Corcovado. — Une demi-douzaine de serpents. —

Pour la troisième fois, salut au Brésil !

Debout, la tête au-dessus du bastingage, le cou tendu, comme si le ciel m'avait rendu ses rayons, je voyais sortir des eaux, ainsi qu'un habile plongeur, ce géant couché, si pittoresque, si heureusement taillé pour la sûreté des navigateurs...

Oui, oui, voici la tête bourbonnienne, les pectoraux, les jarrets, et le pied qui vous indique l'entrée de la rade.

Passons vite, laissons derrière nous, avec plaisir, les forts Lage et Villegagnon près desquels nous faisons tomber l'ancre.

Je respire à l'aise; Notre-Dame-de-Bon-Voyage

à droite, à gauche la Gloria, deux protectrices des matelots ; plus loin l'île das Cobras, celle dos Ratos, et puis encore Botafogo, San-Domingo, le Corcovado et Praya-Grande. Rien n'y manque, ni l'aqueduc, avec son double rang d'arcades, ni l'île do Gobernador, ni les orgues qui couronnent ce magnifique panorama. Je retrouve ce que j'avais tant aimé, les brises caressantes, le chant des noirs, le sifflement inégal de leurs pagaies, et je crois entendre et voir volant auprès de moi les papillons diaprés, les oiseaux-mouches, plus riches, plus éblouissants encore, que votre œil peut à peine suivre dans leurs folles évolutions.

C'est bien là toujours mon beau Brésil, robuste comme il y a trente années, et pavoisé comme il y a deux siècles ; jeune, puissant, comme au jour de sa création.

Le jour naît : je le reconnais à l'enthousiasme de ceux qui, parmi nous, n'avaient pas encore visité cette splendide rade. Le canon, en rapides volées, salue l'empereur ; les vaisseaux de la baie lui rendent ses bruyantes politesses ; et, libres de toute quarantaine, il nous est permis de descendre... En route !

Dans le canot qui m'emporte à terre, j'ai le bonheur de serrer une main fraternelle, celle de M. Taunay, notre consul, dont je vous ai déjà parlé dans les *Souvenirs d'un aveugle*, et que je retrouve ici plus aimé, plus béni que par le passé.

M. de Saint-Georges est le chargé d'affaires de France au Brésil. Habile diplomate, administrateur intègre, conciliateur de tous les intérêts, M. de Saint-Georges peut être chargé des plus hautes missions.

Le canot avance toujours. Je demande si le débarcadère est facile, on me répond qu'il n'y a pas de débarcadère.

De braves matelots m'enlèvent sur leurs épaules, et me voilà au bras de mon jeune guide, aussi ému que moi, foulant le sol raboteux de la place impériale.

— Cet édifice que voilà, Dubreuil, c'est le palais du souverain?

— Pardon, M. Arago, je ne vois d'édifice nulle part.

— Dubreuil, point d'épigramme; n'y a-t-il pas là, opposée à cette fontaine que j'entends, une grande maison?

— Oui, monsieur, avec un petit balcon à la façade.

— Eh bien! c'est cela; on n'y a rien changé; respect aux ruines qui rappellent de beaux souvenirs historiques!

La place est franchie.

— Fais halte ici, Dubreuil, et visite cette petite chapelle où l'or étincelle de toutes parts.

— On la badigeonne, monsieur, le coup d'œil est perdu.

— Poursuivons donc notre marche dans cette rue appelée Droite, la boiteuse qu'elle est, et, tournant à gauche, pénétrons dans celle do Ouvidor, qui est, assure-t-on, devenue tout à fait européenne.

— En effet, monsieur, voici des trottoirs, des équipages et des magasins resplendissants...

— Eh bien, Dubreuil, pourquoi ce saut en arrière ? est-ce la terreur ?

— C'est que je me suis cru un instant dans une ménagerie, en face d'un ours brun de la plus mauvaise espèce.

— Que fait là cet ours ?

— Il est immobile, monsieur, et il a l'air de vous inviter à vous reposer chez lui.

— Répondons à sa politesse ; politesses d'ours ne sont pas communes. Est-ce l'enseigne d'un restaurant, d'un café ?

— Non, monsieur, c'est l'enseigne d'un coiffeur.

— Va pour l'ours du coiffeur, auquel le maître du lieu aurait dû faire la barbe ; je ne veux pas paraître trop vieux et cassé aux regards curieux des Brésiliennes. Entrons.

— Nous y voici, monsieur.

— Monsieur, dis-je en mauvais portugais, voulez-vous avoir la bonté de me faire la barbe?

— Parlez-moi français, me répond gracieusement le patron, nous sommes compatriotes; je ne rase plus, je coiffe; mais, si vous y consentez, je vais recommencer mon apprentissage.

— Je le veux bien, donnez-moi une chaise.

— Voici un fauteuil, monsieur.

Je retrouve Paris à Rio. Des meubles d'une élégance remarquable; des manières honnêtes, point empruntées; un vaste salon, des canapés moelleux, et tout le confortable de la profession.

Puis encore une douce voix de femme qui vous demande des nouvelles de la patrie absente et vous remercie de vouloir bien jouer à la poupée avec deux charmants petits enfants qui gazouillent autour de vous... Voyons, devez-vous à d'autres ours que celui-ci une aussi bonne fortune? Pour moi, je hais tellement les ingrats que j'ai hâte de vous dire le nom du chef de l'établissement. Duvert, Lauzanne et Arnal l'ont buriné dans *les Cabinets particuliers*, de désopilante mémoire. Ce nom, c'est Cassemajou, et je vous défie maintenant de passer devant l'*Ours brun* de la rue *do Ouvidor* sans faire comme moi, sans donner un bonjour amical à M. Cassemajou.

Je guide et questionne en même temps mon cicerone : je lui raconte le passé, il me dit le présent, et nous ne trébuchons pas en route.

— Monsieur, voici des modes françaises.
— Passons.
— Voici un bottier français.
— Passons.
— Un tailleur français, un chapelier français...
— Passons, passons ; ce n'est pas pour étudier la France que je sillonne les océans ; ce n'est pas pour me promener dans la rue Vivienne que je longe, au Brésil, la rue *do Ouvidor*.

Voici une enseigne parfaitement intelligible : *Desmarais, parfumeur, coiffeur de l'empereur*... De suaves émanations vous diraient la demeure, si vos regards ne vous l'avaient pas indiquée.

Silvain Jugaud est presque côte à côte avec M. Desmarais... Pourquoi deux bonnes maisons ne vivraient-elles pas en parfaite intelligence ?

Encore un troisième ! encore un quatrième ! Est-ce que la rue *do Ouvidor* aurait la prétention de rivaliser avec les parterres les plus fleuris de toutes les capitales du monde ?

Ah ! voici deux mots portugais : *Aó comercio*. Bravo ! un bureau de journal où l'on me parlera portugais, où j'aurai de fraîches nouvelles de mon pays ; Dubreuil, montons.

Au diable les accapareurs, les envahisseurs, les usurpateurs ! Ma figure pourtant n'est point parisienne, mon regard ne dit pas ma patrie... J'escalade un premier étage, on m'ouvre la porte d'un cabinet de rédaction et je retrouve tout ce que je viens de fuir dans la rue : des noms français, des manières françaises, un accent, une parole et des sentiments français.

MM. Manuel Moreira de Castro, Picot et quelques autres plumes indépendantes trônent dans cette maison et jettent dans les deux mondes les éclairs de leur intelligence... Salut à eux ! nous nous quittons avec l'intention de nous revoir.

O Correio Mercantil, savamment rédigé par M. Joaquim Francisco Alves Branco Muniz Barreto, est aussi le représentant d'une opinion : conscience et droiture sont deux auxiliaires qui valent de nombreux lecteurs au publiciste, naguère conseiller de la Cour de cassation.

— Allons toujours.
— *Madame Fournel, corsetière.*

Madame Fournel, que j'avais connue presque enfant à Paris, et que je retrouve au Brésil, corsetière de l'impératrice et de la cour. Heureuse Fournel ! quelque gracieuse que vous soyez, ma jeune coquette, je vous quitte et je vais tâcher d'oublier.

Laforge... mon maitre de flûte à Perpignan, vend de la musique à Rio... J'ai hâte de presser la main à mon excellent et vieux camarade.

— Ah! monsieur, s'écria Dubreuil, voici un magasin, un atelier, un bazar où la foule se précipite comme dans une vente aux enchères.

— Faisons comme la foule... Que trouve-t-on dans ce bazar? D'abord un frais et gai visage, madame Dubois, vivant au milieu de fleurs, de couronnes, d'oiseaux, et souveraine absolue d'un essaim de cinquante fillettes, causeuses, rieuses, joueuses et railleuses, dont les yeux dévisagent les chalands et qui, néanmoins, font semblant de baisser la tête.

Mais toujours des Français ou des Françaises, c'est à désespérer de l'intérêt des voyages.

Au reste, je vous défie, en arrivant à Rio, de ne pas aller faire une longue visite à madame Dubois, qui est du bois dont on fait les femmes aimables et que je retrouverai, à coup sûr.

Changeons de route : rua d'Aquitanda... M. *Laemmert, libraire-éditeur.* Ce nom n'est ni français ni brésilien, il est allemand; mais il édite, il propage, il fait de bons choix... Sourions à l'enseigne.

M. Mongie m'a conduit chez l'empereur; ses

bienveillances me le rendent cher, et je ne suis pas de ceux qui oublient les nobles procédés.

Mais la chaleur était écrasante, et les allures de mon guide me semblant moins alertes, j'en eus pitié.

— Voyons, lui dis-je, allons prendre un peu de repos; cherche un hôtel, surtout un hôtel brésilien.

— Rua Alfandega, me dit-il.

— C'est bien, nous sommes rue de la Douane; lis les écriteaux.

— *Hôtel de la Bourse.*

— La nôtre est légère, mon garçon, les longues relâches l'ont délestée, essayons néanmoins de l'*Hôtel de la Bourse*; peut-être les Brésiliens ne sont-ils pas tous corsaires; dans tous les cas, présentons-nous avec modestie.

Nous montons au premier étage et nous demandons, en portugais assez élastique, deux chambres et un frugal déjeuner.

— Vous allez être servis à l'instant même, nous répondit un monsieur qui était venu à notre rencontre avec un empressement tout courtois.

— Encore des Français! m'écriai-je désappointé.

— M. Arago, me répondit une voix douce et de bonne maison, est-il fâché de trouver des compatriotes au Brésil?

— Non, certes, madame, répliquai-je, pris au trébuchet, mais j'y voudrais au moins quelques Brésiliens.

— Oh! soyez sans inquiétude, vous en trouverez beaucoup plus que vous n'en avez laissé lors de votre dernier voyage.

Le moyen de lutter, je vous le demande? Nous étions à l'Hôtel de la Bourse, rue de la Douane, chez M. Ravot: nous fîmes halte, et je m'empresse d'ajouter que nulle part, dans aucune de mes relâches, je n'ai trouvé de manières plus engageantes, un empressement plus parisien, un confortable moins coûteux et un chef qui sache mieux accommoder les mets les plus ordinaires. M. Ravot vous rendrait gastronome ; madame Ravot, qui que vous soyez, vous forcera au regret de la quitter.

Quant à moi, si je retourne au Brésil, j'élis domicile à l'*Hôtel de la Bourse*, rue de *la Douane*; j'ai trop bon souvenir de la maison pour ne pas la recommander aux visiteurs de tous les pays.

Voici le soir, voici la nuit, voici le calme ; rêvons de la patrie au milieu de tout ce qui nous la rappelle.

Le jour montait à peine que déjà mon adolescent était debout et demandait à étudier le pays ; je le conduisis tout d'abord au couvent de Saint-Benoît, où il put à son aise juger de la richesse des habitants du lieu.

Le candide jeune homme ne soupçonnait pas tant d'opulence chez les serviteurs d'un Dieu de pauvreté; il poussait de gros soupirs de componction, et j'étais inhabile à lui faire comprendre que les quêteurs sont presque toujours plus riches que ceux qui donnent. Il n'en revenait pas, il s'exclamait à chacune de mes révélations et il n'y répondait que par des pensées d'outre-tombe, dont les moines rubiconds de *San-Bento* auraient aisément fait bonne justice.

De là nous nous rendîmes au couvent d'Ajuda et à celui de Sainte-Thérèse. Je lui appris que là, dans une vie régulière comme une montre de Bréguet, un grand nombre de femmes, enfermées pour toujours, y dépensent leur existence à la confection d'excellentes confitures, de charmants petits ouvrages en écaille de poisson, en paille ou en plumes coquettement tressées, s'agenouillant, chantant et priant pour des pénitents qu'elles ne verront jamais, ainsi que pour l'absolution de péchés qu'elles devinent peut-être.

Il n'est point permis d'aller à Sainte-Thérèse sans gravir cette pente rapide, le long de laquelle court l'aqueduc qui alimente la ville d'une eau fraîche et limpide; et quand vous êtes parvenu à sa naissance, vous ne résistez pas au désir d'escalader le magnifique Corcovado, d'où se dessine le plus admirable panorama du monde.

Dubreuil était dans l'extase de tant de splendeurs ; mais le soleil commençait à nous regarder verticalement, nous redescendîmes par la côte. Je saluai de la main l'ancienne demeure du brave général Hogendorp et nous regagnâmes l'Hôtel de la Bourse, où l'on semblait avoir deviné que cette délicieuse promenade nous avait donné un grand appétit.

En route nous n'entendîmes et ne vîmes qu'une demi-douzaine de serpents ; est-ce que le Brésil s'appauvrit ? Cette disette menaçante, je la signale à la sérieuse attention du législateur et des propriétaires qui vivent sans voisins, sans compagnons de course ou de repos.

P. S. J'apprends aujourd'hui, 15 mars 1854, que M. Blanchard, dont je vous ai déjà parlé, est nommé consul à Rio... Il doit y avoir eu deuil à Valparaiso, il y aura joie au Brésil.

RIO-JANEIRO.

— Audience de l'empereur. — Sa Majesté accepte la dédicace de mon livre. — Caetano l'acteur et *L'Éclat de rire*. — L'empereur vient voir jouer ma pièce. — On me donne une couronne d'or. — Progrès de Rio. — *Le Bayou noise.*

J'ai demandé une audience à l'empereur, elle m'a été accordée avec une courtoisie dont je sens tout le prix.

J'attendais depuis dix minutes, lorsque arriva l'empereur, accompagné d'un de ses ministres.

— Je suis heureux, me dit le monarque, de recevoir chez moi le frère d'une des gloires scientifiques dont l'Europe s'honore le plus.

— Et moi, sire, profondément touché de vos généreuses paroles, je les répéterai à mon frère, qui en sera flatté.

— Dites-lui aussi que je désire faire bâtir un Observatoire à Rio, et que je voudrais bien qu'il m'envoyât un plan et un devis pour guider mes architectes.

— Il me serait possible, sire, de vous donner la description exacte de l'Observatoire de Paris.

— J'aime mieux la tenir de votre frère, elle

sera plus précise encore... Mais, poursuivit l'empereur en souriant, parlons du passé. Vous rappelez-vous, M. Arago, les détails du duel qui eut lieu devant mon palais, en 1821, et que vous racontez dans la relation de vos voyages?

— Ah! pardon, sire, quelques mots seront ma justification. Si j'avais dit tout simplement que les paulistes étaient plus adroits que les lanciers polonais, la chose aurait passé presque inaperçue; j'ai voulu la mieux graver dans la mémoire, et c'est pour cela que j'ai dramatisé le fait... Un voyage ne doit pas être un livre de poste.

— Ainsi donc, monsieur, vous dramatiserez aussi notre conversation de ce matin?

— Non, sire, je la dirai; elle se dramatise d'elle-même. Un prince à peine âgé de vingt-sept ans, qui marche dans sa puissance d'un pas assuré, un empereur qui comprend que les sciences et les arts sont les principales richesses des États, et se place, par ses études et ses méditations, au niveau des hautes intelligences du vieux monde... On n'a qu'à écrire ces choses-là, elles ne s'effacent point de la mémoire des hommes.

— Vous êtes flatteur, M. Arago.

— Je me fais l'écho de tous vos sujets, sire.

— A qui dédierez-vous votre livre?

— A Votre Majesté, si elle me le permet.

— J'accepte.

— Et moi, sire, je sais ce que m'impose cette faveur.

— A propos, poursuivit l'empereur, vous savez qu'on joue demain un drame de vous, sur un de mes théâtres ; irez-vous ?

— Oui, sire ; Caetano m'a gracieusement offert une loge.

— C'est un acteur d'un grand mérite. Au revoir, monsieur, nous lirons votre livre avec plaisir.

Le lendemain, l'affiche annonçait *l'Éclat de Rire*, par M. Jacques Arago, et on lisait en gros caractères : *Le spectacle aura lieu quelque temps qu'il fasse, c'est le Par ordre de notre pays.*

J'allai au théâtre, où une loge richement pavoisée avait été préparée pour moi, c'étaient des fleurs, des guirlandes, et d'abord, devant la porte, une foule compacte que les archers de la cour avaient peine à maintenir.

— L'empereur doit venir, me dit le directeur de la salle, car voilà sa garde ; cependant je doute encore, la faveur est si grande que je n'ose y compter.

J'entrai, je m'assis, la loge de dom Pédro s'ouvrit, l'orchestre joua l'hymne national, et les plus énergiques applaudissements retentirent de toutes parts.

On me dit que les Brésiliens me saluaient, je me levai, je remerciai d'une voix émue, et deux poètes, dont je regrette vivement d'avoir oublié les noms, lurent des vers imprimés sur satin que je me garderai bien de citer.

Une couronne d'or me fut apportée, j'en arrachai une feuille, et je posai le riche cadeau sur la tête de Joao Caetano dos Santos. Ce Caetano est le comédien le plus complet que j'aie jamais entendu, c'est une voix sympathique comme les plus sympathiques, c'est la douleur avec toutes ses larmes, c'est la colère avec tous ses embrasements : Caetano n'a eu de maître que lui, son cœur, son âme. Aussi tragique que Talma, aussi dramatique que Frédérick Lemaître, il n'est personne qui exprime la tendresse mieux que lui; et, quand il vous dit ses espérances et ses angoisses, vous croyez qu'il parle votre langue, vous le comprenez. Caetano dos Santos est, je le répète, le plus admirable comédien des deux Amériques, et j'ai retrouvé en lui Frédérick et Talma de si glorieuse mémoire.

Pendant la représentation l'empereur me fit monter dans sa loge où je reçus des témoignages de sa munificence; l'impératrice, dont on ne parle au Brésil qu'avec vénération, daigna m'adresser quelques généreuses paroles; et, vers minuit, escorté par une trentaine de pirogues, musique en tête, je rejoignis *la Bayonnaise*, qui allait lever l'ancre.

Caetano et sa troupe me saluèrent des vivat les plus bruyants, nous nous pressâmes fraternellement la main, et nous nous dîmes au revoir.

Au revoir, mon ami Caetano.

Voilà déjà bien des années que j'ai vu Rio pour la première fois: la ville a marché en grandissant, elle s'est faite moins triste et plus coquette, elle s'est glissée à travers les plus magnifiques colosses des forêts, et parmi les plus humbles arbustes... Rio est une ville qui se promène à la campagne.

Voyez comme Praya-Grande se pavoise dans sa splendeur, en dépit des sables de la plage! Voyez comme San-Domingo trône sur elle et l'écrase de sa magnificence! Voyez Botafogo, vaniteuse parvenue, qui se mire avec tant de charme dans les nappes d'eau les plus limpides du monde!..

Tout cela était bien jeune en 1818... Eh bien! tout cela est jeune encore, mais de cette jeunesse insolente qui comprend sa force et ne cherche pas à la déguiser sous une feinte hypocrisie.

Je salue ces splendeurs de la main et de la pensée; puis, abrité dans mes souvenirs de gratitude, je repasse le goulet et me balance en pleine mer.

Pourquoi, avant d'achever ces pages, parlerais-je longuement de *la Bayonnaise* et de ma triste existence à bord de cette fringante corvette?... Peu de mots, car je suis arrivé à une époque de la vie où l'on désapprend la colère; et d'ailleurs, le silence peut être un châtiment. On a oublié là que je suis aveugle, que je mourrai sans soleil... Les matelots de *la Bayonnaise* s'en souviendront, je l'espère.

C'est une corvette de 32 canons. Pendant une navigation de quatre années, elle n'a été vaincue à la course que deux fois, par deux navires américains, encore proteste-t-elle contre une de ses défaites.

M. Jurien-Lagravière la commande en homme qui sait son métier, et ne marchande pas la toile devant la rafale carabinée. Il tient également bien le porte-voix, la plume et l'épée; il lance l'alexandrin dans des revues haut placées, et il a écrit des livres que nos prosateurs les plus habiles seraient fiers de signer; mais le jour où il apprit qu'une ordonnance, signée François Arago, ministre de la marine, défendait les châtiments corporels à bord des navires de l'État, il fit monter l'équipage sur le pont, et dit: *Matelots, on vient de vous élever à la dignité d'homme...* Ces paroles ne sont-elles pas la justification de l'ordonnance?

Les deux cent cinquante hommes formant l'équipage de *la Bayonnaise* venaient souvent me visiter à travers mon sabord, et ils étaient si reconnaissants de l'ordonnance signée François

Arago qu'ils me confondaient dans leur affection avec l'aîné de ma famille. Silence! voici la terre natale !

QUE SONT-ILS DEVENUS?

— Le capitaine Corel. — Pièces du procès. — Lettre de Jacques Arago à ses chers Aragonautes. — Leur réponse. Mes lettres aux journaux. — L'*Edouard* est vendu. — J'attends une lettre.

Encore aujourd'hui, lorsque je traverse une rue ou que je me promène sur le boulevard, bien des gens s'approchent de moi, et, pensant à ceux qui m'avaient nommé leur président au début de la campagne, ils m'adressent cette question : *Que sont-ils devenus?* Eh! messieurs, ils sont là, depuis la banlieue jusqu'en Californie, depuis le Brésil jusqu'en Chine, depuis Valparaiso jusqu'aux montagnes Rocheuses.

Vous comprenez à merveille qu'ayant si longtemps vécu parmi les hommes, je ne pouvais me faire illusion ; mais je ne pensais pas que le démembrement aurait lieu même avant d'avoir fouillé le sol californien...

Vous avez vu dès le début de ce livre qu'une odieuse accusation, dirigée contre moi par le capitaine Curet, avait alarmé ceux qui faisaient des vœux pour mon retour; Brest, Cherbourg, le Havre, Paris, Bordeaux, publièrent le ridicule pamphlet qui me créait le chef d'une vaste conspiration, et présentait mes compagnons de voyage et moi armés jusqu'aux dents pour nous entre-déchirer... Voici les journaux de Valparaiso qui se chargent de ma réponse, à laquelle je n'enlève que les témoignages de la plus vive sympathie dont les rédacteurs de ces feuilles accompagnèrent mes adieux.

LETTRE DE JACQUES ARAGO A SES CHERS ARAGO-NAUTES.

« Le douloureux adieu vient d'être prononcé; mes compagnons de voyage, ceux dont je devais partager les fatigues et les périls, ne veulent plus que je les accompagne aux *placeres*, tremblant sous mes forces épuisées, et vivement alarmés des nouvelles de San-Francisco. Nous nous quittons. Seuls ils vont affronter de nouveau les colères océaniques, les torpeurs de la ligne, les rafales carabinées du nord; je ne serai point avec eux de moitié dans leurs causeries, dans leurs émotions... et, lorsque la tempête rugira autour de moi, je croirai voir s'ouvrir leur navire sous la lame écumeuse, et entendre leur dernier soupir étouffé par le remous fatal.

« Oui, le ciel m'en est témoin, je voulais bien plus la moitié de leur douleur que la moitié de leurs joies.

« J'avance dans la vie, et l'on comprend que si je cours encore après la fortune, ce n'est que pour les tendresses que je laisse après moi.

« Tous mes Aragonautes sont partis avec des rêves d'or, tous puisaient à pleines mains dans les entrailles de ce sol si rudement déchiré depuis une année, tous revenaient achetant d'avance des maisons, des palais, des domaines, un royaume !...

« Courage donc, mes amis, courage et union !... Là est votre présent, votre avenir, là est votre sécurité ; vous êtes quarante, tâchez qu'un seul de vous ne manque pas à l'appel, si vous voulez un bonheur complet au pauvre Bélisaire qui vous salue de la main et de ses yeux pleins de larmes.

« Ce qu'il y a de plus triste dans cela, c'est la séparation ; ce qu'il y a de plus consolateur, c'est le retour ; les pensées toujours voyageuses nous réuniront avant l'époque fixée pour la cessation des travaux ; nous échangerons, même pendant l'absence, de ces douces et saintes paroles qui disent la fraternité, et l'aveugle et les clairvoyants ne se sépareront que pour une joie plus vive.

« Donc, je ne dis pas adieu à mes Aragonautes, mais au revoir.

Jacques ARAGO.

« Valparaiso, le 2 octobre 1849. »

A cette lettre, où j'avais jeté une partie de mon âme, les Aragonautes répondirent la veille même de leur départ, et voici ce qu'on lisait dans les feuilles de Valparaiso et de Santiago :

DES AMIS A LEUR AMI. LES ARAGONAUTES A M. JACQUES ARAGO.

« C'est avec orgueil et douleur à la fois que nous lisons dans les journaux l'expression de vos sentiments à notre égard.

« Oui, M. Arago, les dernières nouvelles de Californie nous ont émus, et, en présence du drame qui se déroule et dans lequel nous allons prendre une part si active, nous avons, malgré nous, été forcés d'ouvrir les yeux et de voir combien nous compromettions, en vous emmenant, la vie d'un homme dont le nom est une des gloires de la patrie.

« Oui, M. Arago, nous croyons faire notre devoir en opposant la prudence au danger.

« Vous resterez, monsieur, vous ne provoquerez pas le plus grand malheur que nous ayons à redouter. Les affaires en Californie ont changé de face depuis notre départ de France, les difficultés sont devenues des impossibilités, et, quand on veut conserver son drapeau, on ne l'expose pas imprudemment.

« De près comme de loin, ici comme à San-Francisco, vos intérêts seront les nôtres. Votre nom sera notre égide, et, quoi qu'il arrive, monsieur, les cœurs qui battent dans nos poitrines seront toujours dignes de votre estime et de votre affection.

» LES ARAGONAUTES.

« Valparaiso, le 4 octobre 1849. »

Que deviennent après cela les foudroyantes volées de M. Curet?

Vous le voyez, elles ont fait du bruit, elles n'ont frappé personne. Seuls nous sommes restés debout, seul aussi le capitaine Curet est resté sur le flanc.

Cependant, à mon arrivée à Paris, je furetais encore çà et là pour me mettre sur la piste de mon adversaire... Hélas! j'appris qu'il était encore sur les bords du Sacramento, vous verrez plus tard dans quel état, et je dus me contenter de lui adresser quelques exemplaires de la lettre publiée à cette époque, par moi, dans plusieurs journaux de la capitale... La voici.

« Paris, le 31 décembre 1850.

« Vous eûtes la bonté, mes amis, d'annoncer, il y a deux ans, mon départ pour la Californie; la lettre ci-jointe dira mon retour à ceux qui se souviennent encore du Bélisaire errant, et leur donnera quelques explications préalables sur certain manifeste lancé contre moi et les hommes que je conduisais à San-Francisco.

« Messieurs et chers confrères, me voici prêt à raviver la lutte si imprudemment provoquée par le capitaine Curet. J'arrive un peu tard, j'en conviens; mais les vents ont leurs caprices, et j'ai eu le temps de me façonner au choc des lames, aux soufflets de la rafale et aux flagellations de l'averse, hôtes assez familiers de ma vie aventureuse.

« De loin on ne s'entend guère, la voix des flots étouffe celle de l'homme, et j'étais à quatre mille lieues de chez vous, quand on m'a lu le redoutable pamphlet du capitaine de *l'Édouard*.

« Déjà, je le sais, le consul de France à Valparaiso et notre chargé d'affaires du Chili,

MM. Blanchard et Cazotte, ont adressé leurs plaintes aux ministres de la République ; ils l'ont fait avec cette franchise et cette loyauté de caractère qui leur ont valu l'estime générale, et me voici, moi, chef de l'horrible complot, armé de pied en cap pour assigner à chacun sa place et clouer les calomniateurs au pilori.

« Procès-verbaux des faits et gestes du capitaine Curet ont été dressés en temps et lieu et déposés en mains sûres, ils verront le jour.

« Quant à moi, que M. Curet n'a pas craint d'accuser de couardise, alors que de mon plein gré je gravissais les Cordillères et labourais les Océans ; quant à moi qui reviens avec des rides au front, mais sans une ride au cœur, il m'a paru digne de ne pas revoir mes foyers, tandis que mes compagnons de voyage luttaient contre les pépites californiennes.

« Riche des souvenirs de mon vieux passé, j'ai voulu visiter de nouveau mes archipels bien-aimés où j'ai failli servir de pâture aux gracieux insulaires du Pacifique, et ceux où je me berçais avec tant d'amour à toutes les brises.

« J'ai tenu à comparer les époques aux époques, et j'apporte un livre plus vrai peut-être, plus curieux à coup sûr, que celui que j'aurais écrit si le soleil n'avait pas cessé de rayonner sur mes prunelles éteintes.

« Je vous demande votre bienveillance pour le livre, je ne veux de vous que votre impartialité pour le compte rendu des débats qu'on a commencés en mon absence et qui s'achèveront contradictoirement, comme on dit au palais.

« N'est-ce pas, messieurs, que vous accorderez place à ces lignes ?

« Merci, d'avance, merci, et une pression de main des pieds à la tête.

« Jacques ARAGO. »

Ainsi donc, au retour comme au départ, ma vie a été parfaitement à jour, vous avez les pièces du procès, vous pouvez prononcer en connaissance de cause.

L'Édouard fut vendu à San-Francisco, on vendit également mon linge, mes vins, mes objets d'échange clandestinement emportés ; j'en reçus la nouvelle à Taïti, c'est tout ce qui me fut envoyé : une lettre de quelques lignes.

Avant les adieux que nous nous adressâmes à Valparaiso, mes compagnons de voyage et moi, un acte sérieux fut signé par lequel il était dit que la quarante-cinquième partie des bénéfices que ferait la Société me serait adressée par notre agent consulaire en Californie... Que sont devenus les Aragonautes ?

Si beaucoup d'entre eux vivent là-bas au jour

le jour, parfois soucieux de l'avenir, j'en sais aussi qui s'y dressent une brillante fortune... Les uns et les autres que sont-ils devenus?

La route d'ici au Sacramento, par Panama, se franchit vite et sans difficulté, les caravanes des deux mondes la sillonnent incessamment, les navires mouillés à *Chagres* attendent du lest, une lettre est bientôt écrite, elle occupe peu d'espace, elle dit qu'on a mémoire du passé... elle appelle le sourire sur les lèvres, elle est toujours reçue comme une visiteuse aimée...

Allons, allons, une lettre n'est point une pépite, qu'elle traverse l'Atlantique, et que je puisse enfin donner une réponse précise à ceux qui m'adressent encore cette question : Que sont-ils devenus?

FIN.

TABLE DES MATIÈRES

CONTENUES DANS CE VOLUME.

PACOCO.

Portrait de ce grand roi. — Histoire des deux Américains. — Hospitalité de Pacoco. — Pacoco et le lieutenant Amalric. — — Jugement et exécution. — Pacoco dieu et immortel.
Page 5

UNE VISITE A MOHANA.

Tiono me sert de guide. — Ascension. — Horrible repas. — J'y prends part. — La mère de Tiono. 32

DU CHLORE.

Cérémonies funèbres. — Abus de l'huile de coco. — Fonctions de la fille du mort. — Les fosses en l'air. 40

LE TABOU. — LE TATOUAGE.

Superstitieux respect qu'ils inspirent. — Réponse d'un grand prêtre. — Tout est tabou. — Le tatouage. — Comment on le pratique. — Ses conditions. — Le père Alexis fait des calembours sans le savoir. — Sœur Marceline et sœur Sophranie. — Le père Dordillon. — Mon antipathie pour le nom de ce brave homme. 46

TABLE DES MATIÈRES.

NOUKAHIVA. — DOUX SOUVENIRS.

Chant de deux jeunes filles à Noukahiva. - J'apprends le français à la belle Oréa. Page 26

LA NOUVELLE-CALÉDONIE.

Perfidie des Calédoniens. — Leur férocité. — Les cannibales de Tahiti. — La vie du Calédonien — Dialogue significatif. - Cuit ou cru? — La petite Chloé. - Scènes d'anthropophagie. — Le baleinier américain. - *Le Caïman*. — *L'Alcmène*. 62

TAITI.

Description et souvenirs. — Les Taïtiens jugés par Cook et Bougainville 69

TAITI. — SON HISTOIRE.

Détails curieux. — Premier débarquement des missionnaires anglais en 1797. — L'eau-de-vie vient en aide à la prédication. - Le roi Pomaré I" — Son fils âgé de douze ans le détrône. — Il fait assassiner son fils et ressaisit le pouvoir. — Premières discordes entre les missionnaires et les insulaires. — Combats. — Fuite d'une partie des missionnaires. — On force ceux qui restent à vivre comme les insulaires et à quitter leurs vêtements. - Tamaré essaye son pistolet — Première chapelle. — Enlèvement d'une idole. — Guerre d'extermination. — La famine. — Les matelots européens infectent l'île. — L'idole Oro retourne d'elle-même dans ses forêts. — Traduction du mot *Pomaré*. — 1836. - Les Français à Taïti. - *La Vénus*. — Le capitaine Dupetit-Thouars. — Lettre d'excuse de la reine Pomaré apportée par un droguiste. — M. Moerenhout, d'origine belge, présenté par M. Dupetit Thouars comme consul français. — Le charpentier Brémond est amoureux. — Lettre curieuse de la reine au roi Louis-Philippe. - Point de pudeur, partant pas de scandale. — Philosophie de la nature. — *L'Astrolabe* et la

TABLE DES MATIÈRES. 225

Zélée. — Dumont Durville. — Le favori. — La reine Pritchard vu de près. — La reine Pomaré écrit à la reine Victoria. — Le capitaine Elliot. — Le commandant Cecil. *L'Artémise et le Pylade*. — L'intrépide du Bonzet. 1842. — On nous cède Noukahiva. — Le capitaine Bruat. — Les mœurs de la reine.   Page 75

LA REINE POMARÉ.

Ses qualités. — Ses défauts. — Elle est esclave et cependant elle commande. — Elle est adorée de ses sujets. — M. Bonard. — La reine m'attend. — Sa main fait ma conquête. — La reine me baptise Matapo, c'est-à-dire Nuit dans les yeux. — Sa cour. — Sa conversation. — Son mari. — Elle est charmante. — J'escamote devant la reine. — Un joli mot. — Combien on s'est trompé dans les portraits qu'on a faits de Pomaré. — Nouveaux entretiens intimes. — Qui a bu boira. — J'aime Pomaré. — Le Kanak ne cessera jamais d'être Kanak. — Nous ne savons pas coloniser. — Partout les Anglais se font la part du lion. — Pomaré est *tabou*, même pour son mari, le dimanche. — Le marchand de pilules Pritchard. — Mon autographe pour ce droguiste. — J'interroge la reine. — Son sujet. — Dernière entrevue.   99

LES ROBES NOIRES. — TRISTESSE.

Les prêtres du Chili et ceux des Marquises. — Tolérance et intolérance. — Les élèves du père Dordillon. — Réponse d'un Cafre. — Opinion d'un demi chef des Happas sur Dieu. — Moi aussi j'ai prêché.   127

J'ENTRE A L'HÔPITAL.

Je suis le n° 1. — Un professeur de rhétorique. — Défiez-vous du latin. — La livrée du lieu. — Le docteur Bellebon. — Sœur Régis. — Quelques rimes. — Trois prières. — Un cannibale à l'hôpital.   134

COURSE A FATAHUA.

Le lieutenant Vallès. — Ascension. — Bourdonnée est une

cruche. — Propos hardis de Bourdonnée. — Attention aimable de M. de Nicolaï. — Bourdonnée me sert de monture. — Description de Vataliua par le lieutenant Vallès. — Prise de Vataliua. — Retour.   Page 142

HOUPA-HOUPA.

Anniversaire de l'inauguration d'une chapelle protestante à Haapape. — Le tombeau de Tanohaa. — Des canards rouges. — Amazones à califourchon. — Trois sermons. — Toujours le même texte. « kanaks, ne buvez pas. » — Danses taïtiennes. — Les chants. — Le tam-tam. — La flûte à nez. — Véron et Duponchel. — Seconde houpa-houpa. — Après la danse. — Jabbau. — Effet de deux bouteilles de vin sur trente jeunes filles endormies. — Le namou.   157

TAITI. — LES REPAS. — LA MUSIQUE.

Le cochon est un animal bien nommé. — Sans cochon point de fête. — Comment on le cuit. — On mange à toute heure. — Les demoiselles sobres dix-huit heures sur vingt-quatre. — Le maioré. — Prière de la belle Touane. — Les fourchettes du père Adam. — Sanglants repas des Noukhiviens. — Préparatifs affreux. — Chants de mort. — Quel est l'instrument favori des musiciens de Taïti, des Marquises et des Navigateurs?   174

UNE NUIT DE TAITI.

Les nuits à Taïti. — Jusqu'où va l'hospitalité. — N'oubliez pas votre moustiquaire.   180

COMPLÉMENT. — UN PEU DE TOUT.

Comment les Kanaks prient en famille. — Comment ils fument. — Comment ils parlent. — Exemple unique de jalousie. — La prison. — M. Nicolaï. — Les pieds des Taïtiennes. — A quel âge les corsets deviennent utiles. — Les deux genres. — Les périphrases à Taïti. — Aplatissement systématique de l'occiput. — Où les Taïtiennes mettent leur bonnêteté. D'où chacun tire son nom — Le nom change quand l'amant change. — Les kanaks pleurent à volonté. — Le tayo — En quoi il diffère de l'ami. — Égards qu'on a pour certains insectes. — Qu'est-ce qu'une jeune fille à Taïti ? — Lettres des femmes à leur tané. Mémoire des Taïtiennes.   Page 183

BRÉSIL.

Le Brésil — Le géant couché. — Les forts Lage et Villegagnon. — Notre-Dame-de-Bon-Voyage. — La Gloria — L'île das Cobras, dos Ratos, Botafogo, et l'île do Gobernador. — Le chant des noirs. — Les papillons. — Les oiseaux-mouches. — Mon beau Brésil. — M. Taunay notre consul. — M. de Saint-Georges. — Rues, trottoirs, équipages. — Un ours. — Des Français partout. — Paris à Rio. — Cassemajou. — Les journaux. — Madame Tournel, rôtisserie. — Mon maître de flûte. — Hôtel de la Bourse — Couvent d'Ajuda et de Sainte-Thérèse — Le magnifique Corcovado. — Une demi douzaine de serpents.

RIO-JANEIRO.

Audience de l'empereur. — Sa Majesté accepte la dédicace de mon livre. — Caetano l'acteur et l'Éclat de rire — L'empereur vient voir jouer ma pièce — On me donne une couronne d'or. — Progrès de Rio. — *La Bayonnaise.*   Page 207

QUE SONT-ILS DEVENUS?

Le capitaine Curet. — Pièces du procès. — Lettre de Jacques Arago à ses chers Aragonautes. — Leur réponse. — Mes lettres aux journaux. — *L'Édouard* est vendu. — J'attends une lettre.

FIN DE LA TABLE.

ROMANS

BIBLIOTHÈQUE DIAMANT

LES
DEUX OCÉANS

PAR

J. ARAGO,

AUTEUR DES SOUVENIRS D'UN AVEUGLE.

III

PROPRIÉTÉ DES ÉDITEURS.

BRUXELLES & LEIPZIG,
KIESSLING, SCHNÉE ET Cie, LIBRAIRES,
RUE VILLA-HERMOSA, 1.

1854

POÉSIE

COLLECTION HETZEL. — NOUVEL IN-32 DIAMANT.

Ouvrages inédits et réimpressions autorisées.

EN VENTE :

GEORGES SAND. LAURA	2 vol.
LA FILLEULE	2 vol.
ALEX. DUMAS. EL SALTEADOR	2 vol.
LA JEUNESSE DE LOUIS XIV . .	1 vol.
L. STE. LA FAMILLE JOUFFROY	6 vol.
A. ESQUIROS. LE CHATEAU D'ISSY	1 vol.
J. ARAGO. LES DEUX OCÉANS. Nouveau voyage de l'auteur des Souvenirs d'un aveugle .	3 vol.

Sous presse, chez KIESSLING, SCHNÉE ET Cie :

VICTOR HUGO. HISTOIRE DU BEAU PÉCOPIN . .	1 vol.
ALEX. DUMAS, fils. LA DAME AUX CAMÉLIAS . .	2 vol.
ÉMILE DESCHANEL. LE MAL QU'ON DIT DES FEMMES	1 vol.
FR. ARAGO. HISTOIRE DE MA JEUNESSE, suivie d'une notice complétant la vie de F. Arago depuis sa jeunesse jusqu'à sa mort, d'après des documents fournis par sa famille.	1 vol.
CLAUDE TILLIER. MON ONCLE BENJAMIN, histoire du bon vieux temps.	2 vol.
ALFRED DE MUSSET et **STAHL.** VOYAGE OÙ IL VOUS PLAIRA.	1 vol.
P. J. STAHL. HISTOIRE D'UN HOMME ENRHUMÉ.	1 vol.
BÊTES ET GENS.	1 vol.
DELEUTRE. VOYAGE SENTIMENTAL A BRUXELLES.	1 vol.
EDGARD QUINET. SPARTACUS, OU LES ESCLAVES. Format in-18	1 vol.

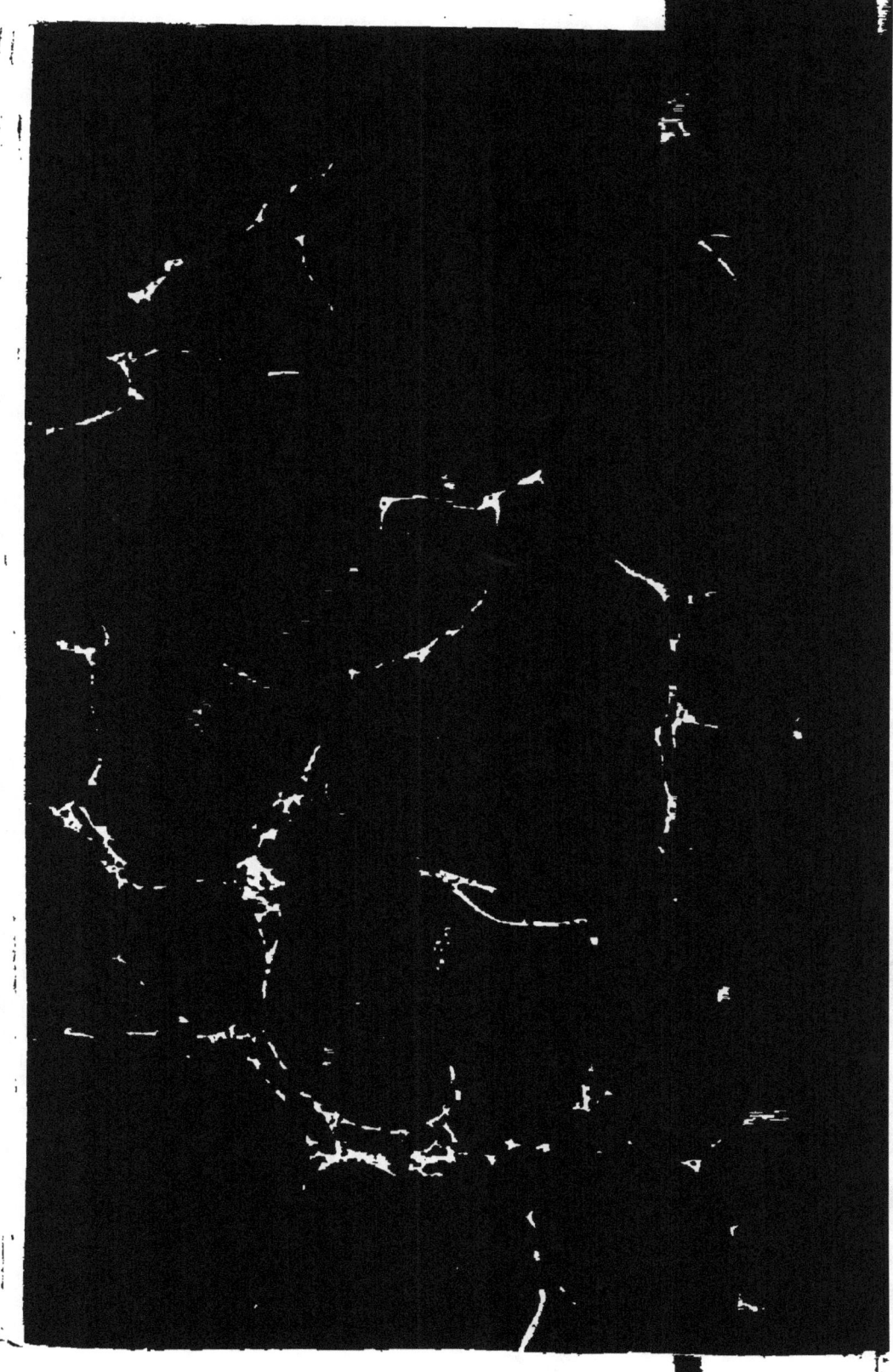

www.ingramcontent.com/pod-product-compliance
Lightning Source LLC
Chambersburg PA
CBHW071936160426
43198CB00011B/1426